W0293796

Christiane Bongertz

Men's Health

Das Flirt-Buch für Männer

- *Wie Mann Frauen richtig anmacht*
- *Die schlimmsten Fehler*
- *Die besten Tricks*

Rowohlt Taschenbuch Verlag

rororo Men'sHealth

Lektorat Bernd Gottwald

3. Auflage Oktober 2005

Originalausgabe | Veröffentlicht im Rowohlt Taschenbuch Verlag, Reinbek bei Hamburg, April 2003 | Copyright © 2003 by Rowohlt Taschenbuch Verlag GmbH, Reinbek bei Hamburg | Umschlaggestaltung any.way, Barbara Hanke/Cordula Schmidt | (Foto: archivberlin) | Satz Chantilly PostScript (QuarkXPress) | Gesamtherstellung Clausen & Bosse, Leck | Printed in Germany | ISBN 3 499 61500 2

rororo

ro
ro
ro

Inhalt

Prolog: Die Lizenz zum Flirten

Warum überhaupt flirten? Ein paar Gründe, warum jeder Mann es tun sollte

Vielen Männern fallen auf diese Frage zwei Antworten ein. Erstens: um die Frau des Lebens zu finden. Zweitens: um vielleicht Sex zu haben. Und in allen anderen Fällen? Ist da ein Flirt reine Zeitverschwendung? Warum sollte man mit einer Frau flirten, von der man nichts will?

Halt! Hier liegt ein Denkfehler. Wer Flirten nämlich nur als Mittel zum Zweck ansieht, verpasst eine Menge. Eine Menge Spaß und gute Laune zum Beispiel. Denn wie so oft im Leben, gilt auch für einen Flirt: Der Weg ist das Ziel.

Ein kleiner Flirt mit der Gemüsefrau auf dem Markt kann einen schönen Sommertag mit phantastischem Wetter zu einem *perfekten* Sommertag mit phantastischem Wetter machen. Ein grauer Tag mit Schmuddelwetter und mieser Laune wird durch das Lächeln einer fremden Frau in der U-Bahn plötzlich erträglich. Und das, obwohl eigentlich nichts passiert ist. Eigentlich nichts passiert? Natürlich ist etwas passiert. Sie haben Resonanz bekommen, Sie haben gemerkt, dass Sie bemerkt werden, positiv. Dass Sie in der Lage sind, etwas bei jemand anderem auszulösen. Und das hat wiederum bei Ihnen etwas ausgelöst.

Hier sind ein paar Gründe, warum sich Flirten immer lohnt. Machen Sie jeden Tag zu einem Flirt-Tag. Dieses Buch hilft Ihnen dabei.

Grund 1: Flirten trainiert! Glauben Sie nicht? Na, dann stellen Sie sich vor, Sie haben verschlafen, sich die Zunge am Tee verbrannt und sich beim Rasieren in die Wange geritzt. Und obwohl Sie sich beeilt und aufs restliche Frühstück verzichtet haben, kommen Sie sicher zu spät zur Arbeit. Sie haben Grund, sich mies zu fühlen. Sie machen dicht und mummeln sich in Ihrer schlechten Laune ein. In diesem Zustand könnte sich in der U-Bahn ein Supermodel gegenüber von Ihnen hinsetzen und Sie anlächeln. Sie würden es nicht mal merken.

Aber nehmen wir an, Sie haben sich entschlossen, jeden Tag zu einem Flirt-Tag zu machen. Dann werden Sie der Welt anders entgegentreten. Erwartungsvoll. Sie werden das Haus trotz knurrendem Magen verlassen wie ein Schauspieler, der die Bühne betritt und in diesem Moment alle Zweifel vergisst, die ihn noch in der Garderobe plagten. Sie werden auf die Straße treten in dem Bewusstsein, dass dort draußen Frauen herumlaufen. Ihr Publikum sozusagen – wenn wir bei dem Vergleich mit dem Schauspieler bleiben. Bahnschaffnerinnen, Studentinnen, Kioskverkäuferinnen, Abiturientinnen auf dem Weg zur Schule. Große, kleine, alte, junge, dicke, dünne. Rotschöpfe, Blondinen, blau Gefärbte oder Dunkelhaarige. Frauen eben. Frauen, die möglicherweise auch mit dem falschen Fuß aufgestanden sind und darum Komplizinnen sind, was diesen speziellen Tag betrifft. Die nur darauf warten, dass ihnen ein Wort oder auch nur ein Lächeln eines Mannes den Tag wieder versüßt. Aber auch Frauen, die vor guter Laune nur so sprühen – und ein Fünkchen davon an Sie abzugeben haben, um Sie Ihren knurrenden Magen und die brennende Wange vergessen zu machen. Nach all diesen Frauen werden Sie als flirtbereiter Mann Ausschau halten.

Darum trainiert Flirten bereits vor dem eigentlichen Flirten die Beobachtungsgabe. Flirten trainiert natürlich auch die Kommunikationsfähigkeit, denn was ist ein Flirt anderes als eine spezielle Art der Kommunikation – verbal und nonverbal –, bei der man alle Register zieht, um zu gefallen. Im Flirt diese Fähigkeiten zu trainieren kann bei Gelegenheit auch im Job nützlich sein oder beim Verwandtschaftsbesuch, um Tante Erna noch ein Stück von der göttlichen Apfeltorte abzuringen.

Darüber hinaus trainieren Sie Ihre Phantasie. Denn zu allen potenziellen Flirtpartnerinnen, denen Sie begegnen, entsteht in Ihrem Kopf eine Geschichte: Wo kommt diese Frau gerade her? Wo fährt sie hin? Wie wohnt sie? Hat sie einen Freund? Wie sieht ihr Alltag aus? Oder auch: Wie sieht sie wohl nackt aus?

Und wenn Sie an diesem Abend nach dem Joggen ein paar extra Liegestütze einlegen, weil Sie die Flirts des Tages motiviert haben, beim Flirten gut auszusehen, trainiert Flirten auch noch Ihren Bizeps, den Schultergürtel und den großen Brustmuskel.

Grund 2: Flirten ist gesund! Eine positive Lebenseinstellung, das predigen Ärzte, Stressforscher, Psychotherapeuten, Großmütter und Motivationstrainer seit jeher, ist das A und O eines gesunden Lebens. Schon wer bewusst lächelt, veranlasst das Gehirn dazu, nach spätestens zwanzig Minuten Glückshormone auszuschütten. Außerdem steigt nachweislich die Zahl der Abwehrzellen. Und ein nettes Lächeln ist die Basis eines jeden Flirts. Grundgesund so ein Flirt allein deswegen.

Aber auch schon ohne diese segensreichen physiologischen Lächel-Folgen wäre jeder Flirt Medizin für die Psyche. Oder anders gefragt: Warum vergraben sich Menschen niedergeschlagen in ihren Wohnungen, versinken in Melancholie? Ein Grund dafür ist, dass sie sich selbst nicht leiden mögen, weil sie ihren eigenen Wert nicht mehr erkennen. Vielleicht nicht erkennen können, weil er nicht mehr durch die Reaktionen anderer reflektiert wird, von denen man sich zurückgezogen hat. Wer aber gerne flirtet, bekommt diese Reaktionen ganz von selbst. Wer flirtet, dessen Ich wird im Lächeln der Frauen zurückgeworfen wie in einer schillernden Discokugel. Wer flirtet, der erfährt: Ich bin attraktiv!

Natürlich, Flirten ist sicher kein Ersatz für eine Psychotherapie. Aber bei der Niedergeschlagenheit, die hin und wieder jeden Menschen befällt, kann ein Flirt wahre Wunder wirken, schlechte Laune in gute verwandeln und Melancholie in Motivation. Betrachten Sie darum Ihren täglichen Flirt als wichtiges Vitamin, das Sie sich täglich in einer bestimmten Dosis zuführen müssen, weil es der Körper nur begrenzt speichern kann: «Vitamin F».

Grund 3: Flirten pflegt! Ihre Beziehung zum Beispiel. Ja, Sie haben richtig gelesen. Gerade wenn Sie in einer festen Partnerschaft leben, sollten Sie, ach was, *müssen* Sie flirten.

Sogar Jungs sollten flirten, deren Partnerin eine Traumlady ist. Eine mit Endlosbeinen, C-Körbchen und eigenem Geld, dazu ein kluger Kopf, die perfekte Liebhaberin, vielleicht eine phantastische Mutter und nebenbei Superköchin. Eine, die dem Glückspilz täglich vermittelt, dass er der kernigste Kerl ist, den das Universum je hervorgebracht hat. Aber, hier ist der Haken, eben nur von dieser einen Frau, so umwerfend sie sein mag. Und da ist dann plötzlich diese verhängnisvolle Idee und setzt sich fest: Hätte ich nach all den Jahren eigentlich noch Chancen bei all den anderen Mädels? Der Mann, der regelmäßig flirtet, weiß: Klar, hätte ich. Theoretisch. Und dann klopft er sich selbst auf die Schulter in der Gewissheit, dass die Welt voller Möglichkeiten ist, von denen er sich die beste ausgesucht hat.

Anders der Nicht-Flirter. Den wurmt der Gedanke des Nichtwissens Tag und Nacht. Und, schwupp, schlittert er in die Arme einer anderen, die sich bei näherem Hinsehen als die schlechtere Wahl herausstellt. Aber dann ist die Traumlady vielleicht schon weg.

Flirten pflegt auch Kontakte. Denn wer sagt, dass Sie nur im Privatleben flirten können und sollen? Auch Ihre Geschäftspartnerinnen oder Kundinnen freuen sich über ein bisschen harmlose, aber nichtsdestoweniger kribbelnde Abwechslung im drögen Arbeitsalltag. Nehmen wir an – nur so als Beispiel –, Sie besäßen eine Autowerkstatt. In einigen Konkurrenzbetrieben, das wissen Sie, werden Frauen noch immer als fremde Wesen betrachtet, die aus biologischen Gründen keine Ahnung von der Materie «Kfz» haben. Der flirtunkundige Machomechaniker hört solch einem Alien höchstens darum zu, weil er so Gelegenheit hat, länger auf den Busen und die

Beine zu gaffen (was keinesfalls mit einem Flirt gleichzusetzen ist). Frauen merken das, aber Frauen mögen das nicht.

Lieber nehmen die Damen einen Umweg in Kauf, um das nächste Mal in Ihre Werkstatt zu kommen. Weil Sie die Kunst des Flirtens beherrschen. Dazu gehört: der zu becircenden Person das unerschütterliche Gefühl vermitteln, dass sie ernst genommen wird. Ihr ein Lächeln auf die Lippen zu zaubern. Höflich zu sein. Mit anderen Worten: ihr ein gutes Gefühl zu geben. Alles Eigenschaften, die auch der Kundenpflege dienen. Und darum auch der Kontopflege. Wenn das kein Argument ist.

Grund 4: Flirten gibt dem Glück eine Chance! Natürlich wimmelt es nicht überall von Frauen, mit denen man sich vorstellen könnte, sein Leben zu verbringen. Manchmal findet man ja auch erst bei näherer Betrachtung heraus: Die isses! Oder auch: Nein, doch nicht! Aber vor die Möglichkeit, Frauen überhaupt näher betrachten zu können, hat der Himmel im Allgemeinen den Flirt gesetzt.

Stellen Sie sich vor, es gäbe so etwas wie Schicksal. Und das Schicksal habe Ihnen bestimmt, die Frau Ihres Lebens sei die Filmschauspielerin, die Sie bereits oft im Kino bewundert haben. Das Schicksal habe Ihnen nun eine Einladung zu einer gewissen Party zugeschustert, auf dass Sie dort die Ihnen vorbestimmte Person kennen lernen mögen. Alles clever eingefädelt. Und was tun Sie? Weil Sie sich nicht im Voraus vorstellen können, welch glückliche Fügungen sich an diesem Abend ergeben könnten, werfen Sie die Einladung in den Papierkorb und denken: Och, heute setze ich mich lieber vor den Fernseher. Auf der Party sind bestimmt nur Leute, die ich nicht kenne. Was soll ich da? Die Antwort lautet: Sie sollen flirten! Sie sitzen aber zu Hause mit einem Bier vor dem TV-Gerät und sehen die x-te Wiederholung eines alten Tatorts. *So* lernen Sie bestimmt keine tolle Frau kennen, und einen richtig schönen Abend verbringen Sie auch nicht.

Auch wenn Sie nicht an Schicksal glauben: Geben Sie dem Glück eine Chance. Und wenn Sie hundertmal flirten müssen, um endlich die eine wie keine zu entdecken, so waren die neunundneunzig Flirts davor keinesfalls umsonst. Denn damit wären wir beim nächsten Grund:

Grund 5: Flirten macht Spaß! Der allerwichtigste Grund! Selbst wenn Flirten keinen der bereits genannten positiven Effekte hätte, der Spaßfaktor bliebe. Flirten ist ein Spiel. Mit scheinbar hohem Einsatz: Ihnen selbst. Aber, das ist das Gute, wie viel Sie von sich hergeben, entscheiden Sie. Im Zweifel haben Sie also nur mit Papiergeld gespielt.

Nicht zuletzt macht Flirten aber auch deswegen Spaß, weil es außer Spaß so viel zu gewinnen gibt. Und nichts zu verlieren. Nie würde selbst nach einem deftigen Flirt ein schaler Beigeschmack entstehen wie nach einem Seitensprung. Was Ihnen allerdings passieren kann: Sie laufen fröhlich lächelnd oder pfeifend durch die Welt und freuen sich Ihres Lebens.

Das Kleingedruckte – Chancen, Risiken & Nebenwirkungen

Chancen Bis jetzt haben Sie nur davon gelesen, warum Ihr Leben vom Flirten profitieren kann. Doch bevor Sie sich jetzt ins Getümmel stürzen, seien Sie gewarnt: Erwarten Sie nicht zu viel. Wie bitte? Ehe Sie sich jetzt angesichts der vorangegangenen Lobeshymnen hinters Licht geführt fühlen, erlauben Sie die Versicherung: Das widerspricht sich nicht!

Sie müssen jeden Flirt vielmehr als Los betrachten. Als Los mit zahlreichen Gewinnchancen, aber eben nicht mit garantierten Gewinnchancen. Und die Aussichten, einen kleinen oder mittleren Gewinn zu ergattern, sind natürlich größer als die auf den Hauptgewinn.

So ein kleinerer Preis könnte etwas Immaterielles sein wie das prickelnde Gefühl, wenn Ihnen eine hübsche Frau im Auto nebenan ein strahlendes Lächeln geschenkt hat. Ein kleiner Preis könnte auch ein geschenktes Getränk in der Kneipe sein – von der fünfzigjährigen Bierzapfkraft, die von Ihrem Charme umgehauen wird. Ein etwas größerer Gewinn wäre vielleicht ein Auftrag im Job, den Sie bekommen und nicht Ihr stoffeliger Mitbewerber, weil Sie durch Ihr einnehmendes Auftreten die Geschäftspartnerin überzeugt haben. Oder Sie «gewinnen» eine unerwartete Liebesnacht mit der entzückenden Sängerin aus der Bar, in der Sie nur noch schnell einen Absacker trinken wollten. Das große Los? Vielleicht die Traumfrau Ihres Lebens, mit der Sie sich fünf Kinder und ein Haus im Grünen vorstellen können.

All das kann bei so einem Flirt-Los drin sein. Nur dürfen Sie das nicht mit Bestimmtheit erwarten, denn das lässt Sie verkrampfen und verringert fatalerweise so auch noch die Gewinnchancen. Und natürlich gibt es – wie überall, wo Lose im Spiel sind – auch Nieten. Es kann sein, dass eine Frau Sie dumm anblafft, obwohl Sie nur nett sein wollten. Das ist eine Enttäuschung, klar. Aber eine, die Sie sofort wieder vergessen sollten zugunsten eines neuen Versuchs bei der nächsten Dame.

Wie ein Reiter, der vom Pferd gefallen ist und sofort wieder aufsitzt. Je mehr Übung der Reiter hat, umso seltener werden auch solche Zwischenfälle.

Und das Schöne beim Flirten ist entgegen anderen Lotterien: Sie können immer wieder neue Lose ziehen. Gratis. Früher oder später werden Sie gewinnen. Also: Spielen Sie mit!

Risiken Der Vollständigkeit halber noch ein paar Warnungen. Denn auch beim Flirten gibt es Kontraindikationen. Das sind Umstände und Situationen, die das Flirten nicht ratsam erscheinen lassen.

Flirten Sie nicht

- **bei Aufenthalt in fremden Kulturen** Flirten in einer Kultur, in der Sie sich nicht auskennen, kann ziemlich in die Binsen gehen. Und damit ist nicht nur ausbleibender Flirt-Erfolg gemeint. In einigen Gegenden z. B. Asiens oder Lateinamerikas gilt Blickkontakt als Zeichen mangelnden Respekts. Ein falscher Blick kann manchmal genügen, und Sie werden günstigstenfalls von aufgebrachten männlichen Familienmitgliedern verprügelt. Und dann müssen Sie die Dame möglicherweise heiraten, um Schlimmeres zu verhindern. Wenn Sie Pech haben, schimmeln Sie die nächsten Jahre mit ein paar Kakerlaken als Gefährten in einer Gefängniszelle fragwürdigen Hygienezustands vor sich hin oder – wenn Sie ganz viel Pech haben – selbst das nicht mehr.
- **in Begleitung der Partnerin** Sicher, inwieweit Sie sich in Anwesenheit Ihrer Freundin oder Frau einen Flirt erlauben können, hängt stark von deren Toleranz ab. Und natürlich davon, wie ernst Ihr Flirt wirkt. Wenn Sie auf einer Party nur einer ganz bestimmten Frau die letzten Lachs-Häppchen organisieren, werden bei Ihrer Freundin garantiert alle Alarmglocken schrillen. Sollten Sie in Flirtlaune sein, wäre es besser, wenn Sie unter *allen* anwesenden Damen (inklusive Ihrer Freundin, der Dorfschönheit, der Oma des Gastgebers und der Weight-Watchers-Kandidatin) Ihren Charme versprühen. In diesem Fall können Sie immer behaupten: «Schatz, ich bin doch nur freundlich».
- **mit den Freundinnen von Freunden** «I don't wanna take my best friend's baby, but she's drop dead beautiful», sangen einst Six Was Nine. Sicher, Ihre Freunde wären nicht Ihre Freunde, hätten sie nicht einen ähnlich exklusiven Geschmack wie Sie. Und die meisten Männer werden einen harmlosen Flirt zwischen einem ihrer Kumpels und ihrer Süßen als Bestätigung eben dieses guten Geschmacks werten. Aber hier darf wirklich nur sehr oberflächlich an die Sache herangegangen werden.

Wenn Sie auch nur ein bisschen unsicher sind: Lassen Sie die Finger davon! Gleiches gilt bei den Freundinnen von Mafiabossen, Kickbox-Meistern mit Vorstrafenregister und stadtbekannten Schlägertypen.

Nebenwirkungen Unerwünschte Nebenwirkungen sind selten. In Einzelfällen kann es aber selbst nach einem zunächst erfolgreich verlaufenden Flirt zu Verfolgungen, neudeutsch Stalking genannt, durch spontan liebesentflammte Damen kommen.

Die Gefahr dieser Nebenwirkung ist dann besonders hoch, wenn es sich bei Ihnen um eine ohnehin begehrte Person des öffentlichen Lebens handelt. Geben Sie darum persönliche Daten wie Ihre Adresse oder feste Telefonnummer nur nach gründlicher Überlegung heraus. Insbesondere dann, wenn Ihr Name in der Liste der «Sexiest Men Alive» geführt wird.

Der Mann, der sich selbst gefällt, gefällt!

Zur Psychologie der Attraktivität

Es gibt ein Gesetz, das Sie sicher kennen. Es fliegen einem nämlich immer genau dann die Sympathien anderer Menschen zu, wenn man mit sich selbst im Reinen ist. Besonders oft ist das der Fall, wenn man gerade glücklich verliebt ist.

Es lohnt sich, ein paar Gedanken darauf zu verwenden, warum das so ist. Ein Mann, der glücklich verliebt ist, ist fast immer zufrieden mit sich selbst. Denn er bekommt täglich von seiner neuen Liebe nette Dinge vermittelt: Du siehst gut aus! Du bist geistreich und witzig! Oder konkreter: Dein «Coq au vin» ist eine Sünde wert! Dein Drei-Tage-Bart ist auch dann toll, wenn er kratzt – aber nur bei dir!

Das muss die Dame gar nicht so wörtlich sagen, damit diese Botschaften ankommen. So etwas wird transportiert über Blicke, Gesten und Berührungen. Der Glückliche wird auf diese Weise mit Liebe und Wertschätzung permanent «bestrahlt». Daraus folgt, dass auch ein selbstkritischer Mensch plötzlich denkt: «Hey, klar hab ich Fehler. Aber im Grunde genommen bin ich doch ziemlich okay.» Früher oder später glaubt er, was er über sich selbst (diesen tollen Hecht) vermittelt bekommt. Und dann strahlt er selber mit 1000 Watt Selbstvertrauen und Glück in die Gegend. Menschen, die dem frisch verliebten Mann begegnen, merken: Dieser Kerl mag sich. Ergebnis: Sie mögen ihn.

Auch jemand, der gerade einen beruflichen Erfolg verbuchen konnte, hat so eine Ausstrahlung. Jemand, dem eine sportliche Leistung gelungen ist, oder einer, der vom Chef ein Lob kassiert hat. Und wie Sie bereits wissen, auch jemand, der gerade einen schönen Flirt hinter sich hat.

Ganz anders hingegen ein Mann, der unglücklich verliebt ist, Kritik hat einstecken müssen, vielleicht soeben beim Fußball vom Platz gestellt worden ist oder eine andere Niederlage erlitten hat. Zurückweisung führt zu Selbstzweifeln: «Hat der/die andere eventuell Recht?» Auch eine solch negative Selbsteinschätzung manifestiert sich in der Wirkung auf andere. Ungerecht, aber leider wahr. Wer miesepetrig durch die Gegend spaziert, mit heruntergezogenen Mundwinkeln, darf sich nicht wundern, wenn er auch sonst nur Miesepetern begegnet. So klappt's auch nicht mit dem Flirten. Daraus lassen sich zwei Schlüsse ziehen:

Erstens: Nur ein Mann, der sich selbst gefällt, gefällt!

Zweitens: Ein Mann, der erfolgreich flirten will, muss sich selbst gefallen.

Aber wie macht ein Mann das? Vor allem, wenn er gerade nicht verliebt ist? Der

Flirt als Selbstbewusstseinsquelle scheidet auch aus, denn mit dem regelmäßigen Flirten will der Mann ja jetzt erst anfangen, und dafür soll er sich ja schon mögen. Ein Teufelskreis? Nein! Hier ist die Anleitung, Schritt für Schritt hinaus aus den Selbstzweifeln, hin zu einem flirtbereiten Mann.

Das Prinzip der Self-Fulfilling-Prophecy

Der berühmte Kommunikationsforscher Paul Watzlawick hat sich eingehend mit dem Phänomen der «Self-Fulfilling-Prophecy» – also der sich selbst erfüllenden Prophezeiung – beschäftigt. «Self-Fulfilling-Prophecy», das bedeutet: Wenn ich von etwas überzeugt bin, wird sich diese Überzeugung aller Wahrscheinlichkeit nach bestätigen.

Das beginnt mit scheinbaren Kleinigkeiten. Ein Mann, der sich selbst für liebenswert hält, wird auch ein liebevolles und zuvorkommendes Verhalten an den Tag legen – und wird dafür dann auch wirklich geliebt. Andersherum gilt: Jemand, der glaubt, er sei ein zu nichts fähiger Versager, wird auch wenig auf die Beine stellen, weil er jedes Mal resigniert vor Erreichen seines Ziels aufgibt. Hinzu kommt, dass dem Mann, der glaubt, ein Versager zu sein, auch eher die unangenehmen Kleinigkeiten des Alltags auffallen und ihn ein weiteres Mal in seiner Misere bestätigen. Er ist aufgrund seiner negativen Einstellung gar nicht in der Lage, das Positive zu sehen.

Das hört sich zwar banal an, ist aber der Grund für das Glück oder Unglück einiger Menschen: Sie befinden sich entweder in einem Teufelskreis, aus dem Sie nicht herauskommen, weil sich ihr Unglück ja immer wieder selbst bestätigt und damit noch mehr in den Gedanken eingräbt. Oder Sie sind der sprichwörtliche Glückspilz, dem die angenehmen Dinge des Lebens nur so zufliegen. Die meisten Menschen glauben, dass es sich hierbei um Schicksal handele und man sich damit nun mal abfinden müsse. Was auch wieder eine Self-Fulfilling-Prophecy wäre.

Seien Sie schlauer! Nutzen Sie das Prinzip für sich! Sie müssen sich nicht erst verlieben, eine Auszeichnung bekommen oder befördert werden, um eine attraktive Ausstrahlung zu bekommen. Vertrauen Sie nicht auf Einflüsse von außen: Selbst ist der Mann!

Sagen Sie sich jeden Tag: Ich bin attraktiv! Ich wirke auf Frauen! Ich bin ein Charmeur! Und vertrauen Sie darauf, dass Sie nur daran glauben müssen, damit Sie es auch wirklich sind.

Das ist leichter gesagt als getan? Sie können sich doch nicht von einem Tag auf den anderen in einen beschwingten Sunnyboy verwandeln, wenn Sie doch bisher immer ein zur Melancholie neigender Grübler waren? Selbst wenn Sie wollten, das könnten Sie sich selbst nicht abnehmen? Beginnen Sie doch einfach Ihr Selbstbewusstseins-Training mit dem Lächel-Trick.

Drei Tricks für mehr Selbstbewusstsein

Der Lächel-Trick

Lächeln ist die notwendige Basis eines jeden Flirts. Aber Lächeln kann auch Ihr Selbstwertgefühl stärken. Der Körper lässt sich täuschen und schüttet vorsichtshalber mal ein paar Glückshormone aus. Denn es könnte ja einen Grund zur guten Laune geben, woher soll Ihr Gehirn das so genau wissen? Probieren Sie es aus! Sie werden sich zunächst albern vorkommen: Warum lächeln, wo es nix zu lächeln gibt? Doch das Ergebnis wird Sie überzeugen.

Machen Sie es sich zur Gewohnheit, sich in jedem Spiegel, den Sie sehen, anzulächeln. Gut, nicht unbedingt beim Rasieren. Aber wenn Sie beispielsweise an einem Schaufenster vorübergehen. Verteilen Sie klitzekleine Smiley-Aufkleber in Ihrer Wohnung, im Auto am Armaturenbrett oder am Bildschirmrand im Büro. Lächeln Sie, sobald Ihr Blick auf eins von den gelben Dingern fällt. Programmieren Sie «Lächeln!» als Begrüßungstext Ihres Handys und Ihres Computers. Und lächeln Sie bitte nicht nur Frauen an. Das soll jetzt nicht heißen, dass Sie auf einmal homosexuell werden und mit fremden Männern flirten sollen. Aber wenn Sie immer nur dann lächeln, wenn Sie eine Frau für sich einnehmen wollen – selbst und gerade dann, wenn das Ihr Fernziel ist –, machen Sie etwas falsch. Sobald es nämlich zu einem echten Flirt kommt, haben Sie viel zu wenig Übung. Und das Lächeln wirkt vermutlich unecht, mühsam und gequält.

Lächeln Sie also! Heben Sie Ihren Blick vom Boden, schauen Sie den Menschen, die Ihren Weg kreuzen, in die Augen! Plötzlich werden Sie merken, dass die Leute, denen Sie begegnen, Ihnen freundlicher entgegentreten, als Sie es bisher vielleicht gewohnt waren. Schon haben Sie den ersten Schritt zum Durchbrechen des Teufelskreises getan: Sie fühlen sich attraktiv, glauben daran – und sind es auch.

Der Freunde-Trick

Nutzen Sie die Kraft, die Ihre Freundschaften bergen. Niemand kann Ihnen so gut helfen, Ihr Selbstbewusstsein zu stärken, wie Ihre engsten Freunde. Jemand im Kreise von Menschen, die ihn gern haben, wirkt sofort attraktiv. Die Zuneigung der anderen wird potenziert. Wie bei einem Popstar: Je mehr Fans ein Popstar hat, umso mehr neue Fans kommen hinzu.

Wer Sie inmitten Ihrer Freunde kennen lernt und mitbekommt, dass die anderen Sie mögen, wird sich dem unbewusst anschließen und Ihnen auch positiv gegenübertreten. Außerdem wirken Sie selber sofort sicherer. Das heißt natürlich nicht, dass Sie jetzt nur noch etwas zusammen mit Ihren Kumpels machen sollten. Vielmehr sollten Sie diese Zusammenkünfte bewusst nutzen, um das Gefühl der Anerkennung zu speichern und es bei Bedarf – etwa in Gegenwart einer attraktiven Frau – abzurufen.

Fragen Sie einmal Ihre guten Freunde nach Ihren positiven Eigenschaften. Sie werden überrascht sein, was Sie da alles an Schmeichelhaftem zu hören bekommen. Selbst Eigenschaften, die Sie an sich selbst nicht mögen oder unspektakulär finden, erscheinen plötzlich als begehrenswert und durch und durch positiv. Da kann es sein, dass Ihre Zurückhaltung, die Ihnen immer so stoffelig vorkommt, als «geheimnisvoll» bezeichnet wird. Oder das, was Sie selbst an sich immer als Hektik empfinden, «dynamisch» wirkt.

Baden Sie in den Komplimenten Ihrer Freunde. Schreiben Sie sie auf, zusammen mit allen Komplimenten, die Sie schon einmal von Frauen bekommen haben. Legen Sie sich einen Zettel ans Bett, warum Sie toll sind. Und glauben Sie daran. Die anderen müssen es schließlich wissen, nicht wahr?

Der Zielgruppen-Trick

In Ihrer natürlichen Hauptzielgruppe unter den Frauen können Sie sich am besten die ersten Flirt-Lorbeeren verdienen. Was heißt das nun wieder?

Stellen Sie sich vor, Sie wären ein Produkt im Supermarkt um die Ecke. Welches wären Sie dann? Vielleicht ein gesundes Bio-Müsli? Ein süßer Schoko-Riegel? Nein, es soll jetzt nicht um die Erstellung einer Art Supermarkt-Horoskop gehen. Sondern vielmehr darum, dass jedes Lebensmittel eine bestimmte Zielgruppe hat. Nicht jeder mag Müsli. Nicht jeder Schokolade. Andere bezeichnen diese Sachen als ihre Leibspeise. Und wieder andere essen ab und zu davon, aber nicht regelmäßig.

Genauso ist es mit Ihnen auch, wenn Sie sich auf den Flirt-Markt begeben (der manchmal ja tatsächlich auch der Supermarkt ist). Es wird immer Frauen geben, die Sie sofort mögen. Weil Sie dem entsprechen, was Frauen als «mein Typ Mann» bezeichnen und bei denen Sie darum einen Vorschuss-Bonus besitzen. Und es wird Frauen geben, die sich für Sie unter bestimmten Umständen interessieren – etwa wenn deren «Typ Mann» gerade nicht zu sichten ist. Und es wird solche geben, für die könnten Sie sich auf den Kopf stellen, die würden Sie trotzdem nicht mit der Kehrseite angucken, weil Sie einfach nicht den Vorstellungen der Dame entsprechen.

Ihre natürliche Haupt-Zielgruppe sei also definiert als die Gruppe von Frauen, auf die Sie, so wie Sie sind, mit minimalem Aufwand eine maximale Wirkung erzielen. Hier können Sie sich die Erfolgserlebnisse holen, die Sie als noch unerfahrener Flirter brauchen.

Achtung: Diese Gruppe von Frauen muss sich (leider) nicht unbedingt aus Damen des Typus Frau zusammensetzen, den Sie schon mal locker als Flirt-Zielgruppe ins Auge gefasst hatten (wie z. B. überdurchschnittlich intelligente Miss-Germany-Kandidatinnen, langbeinige Abiturientinnen, Look-of-the-year-Anwärterinnen etc.).

Um positive Reaktionen der Damenwelt zu provozieren, ist es am Erfolg versprechendsten, sich in dem Terrain zu bewegen, in dem man sich wohl fühlt. Wo man die ungeschriebenen Regeln kennt. Wenn Sie etwa ein Mann sind, der sich am wohlsten im Nadelstreifen-Anzug fühlt und gerne in rauchige Jazz-Bars geht, dann werden Sie auch in entsprechendem Ambiente die größte Ausstrahlung auf das weibliche Geschlecht besitzen. Einfach, weil Sie in Ihrem Element sind. Und weil Sie mit den dort anwesenden Damen ein gemeinsames Interesse teilen: den Jazz.

Und wie können Sie Ihre Zielgruppe erweitern? Ganz einfach: indem Sie für sich neue Terrains erschließen. Sie können zu diesem Zweck Sprachkurse belegen oder Weinseminare, Sie können fotografieren lernen oder malen oder Ausstellungen besuchen. Das Wichtigste dabei ist allerdings: Sie sollten sich *wirklich* für diese Dinge interessieren und nicht ständig im Hinterkopf haben «Ich mache das hier jetzt nur, um Frauen kennen zu lernen». Mit so einer Haltung stehen Sie sich selbst im Weg. Natürlich darf dieser Gedanke eine Motivation sein, aber nicht die einzige.

Wenn Sie etwa nur auf ein Open-Air-Konzert gehen, um dort hübsche weibliche Gitarrenrockfans abzuschleppen, sich aber für diese Musikrichtung nicht die Bohne interessieren, wirken Sie wahrscheinlich fehl am Platze. Schlimmstenfalls wie jemand, der nur hergekommen ist, um hübsche Gitarrenrockfans abzuschleppen.

Letzteres ist ganz schlecht fürs Flirten. Merken, dass sie abgeschleppt werden soll, das will keine Frau. Aber horchen Sie mal in sich rein: Sie haben doch sicher viele Dinge immer schon mal machen wollen. Und dann doch nie den entscheidenden Kick bekommen, die Sache jetzt anzupacken. Wie wäre es etwa mit einer Bandgründung? (Dazu lesen Sie später unter «Flirt-Katalysatoren» mehr, S. 110

Too shy …

… sangen in den achtziger Jahren Kajagoogoo und meinten damit ein Mädchen, das zu schüchtern war, auf die Annäherungsversuche eines Mannes zu reagieren. Aber nicht nur Mädchen, auch Männern kann extreme Schüchternheit beim Flirten ganz schön einen Strich durch die Rechnung machen. Manche Jungs sind so introvertiert, dass sie nicht nur einer Frau gegenüber Hemmungen haben, sondern es ganz allgemein unangenehm finden, mit oder vor fremden Menschen zu sprechen. Hier hilft nur Übung. Sprechen Sie so oft wie möglich mit anderen Leuten – und zwar nicht nur mit Frauen! Halten Sie, so häufig es geht, einen kurzen Plausch mit dem Besitzer des Kiosks, an dem Sie immer Ihre Zeitung kaufen. Sprechen Sie mit dem Postboten, der Bäckereifachverkäuferin oder im Fitness-Center mit dem Typen auf dem benachbarten Ergometer. Sie können aber noch mehr tun – und das wird Ihnen nicht nur beim Flirten helfen. Ein paar Vorschläge:

- Belegen Sie einen Rhetorik-Kurs. Dadurch werden Sie nicht nur selbstsicherer im Umgang mit anderen Menschen, sondern lernen, sprachliche Probleme in den Griff zu bekommen, wie etwa zu hastiges Sprechen. Rhetorik-Kurse werden sogar von Volkshochschulen angeboten.
- Wenn es Ihre Zeit zulässt: Verdienen Sie sich als Interviewer für ein Meinungsforschungsinstitut etwas dazu. Dann müssen Sie fremde Leute ansprechen und bekommen nach und nach Routine.
- Autogenes Training und Entspannungstechniken sind wunderbar, um Aufregung im Umgang mit anderen zu bekämpfen. Sportvereine, Fitness-Center und Krankenkassen bieten Kurse an.
- Treten Sie einer Laien-Theatergruppe bei. Das macht Spaß, und Sie üben, vor Publikum zu sprechen. Theaterspielen ist außerdem ein Hobby, das auf Mädels schwer Eindruck macht.

Der Tonfall des Verführers

Vielleicht haben Sie ja auch Hemmungen, mit fremden Frauen zu sprechen, weil Ihnen Ihre Stimme nicht gefällt. Erschrecken Sie, wenn Sie sich auf dem Band des Anrufbeantworters hören? Dann sollten Sie heute noch mit Stimmtraining beginnen. Das heißt nicht, dass Sie jetzt mit einem Weinkorken im Mund durch die Wohnung laufen müssen, um Goethe-Texte zu rezitieren. Ein paar einfache Tricks helfen oft schon aus einer dünnen Stimme den sonoren Tonfall des Verführers herauszukitzeln. Der hat schon so manche Frau schwach gemacht:

- Lesen Sie einen Text – egal was – laut vor, und nehmen Sie sich dabei auf. Hören Sie zunächst selber, wo Sie Verbesserungsmöglichkeiten entdecken. Näseln Sie? Sprechen Sie zu leise? Zu hoch? Oder zu monoton? Wiederholen Sie die Aufnahme, bis Sie zufriedener sind.
- Lassen Sie sich beim Sprechen mit anderen von nichts ablenken, konzentrieren Sie sich auf Ihr Gegenüber. Lassen Sie sich mit dem Sprechen Zeit. Versuchen Sie nie, gleichzeitig noch etwas anderes zu tun. Das gilt auch für Telefonate (auch beim Telefonieren lässt es sich flirten!): Ihr Gesprächspartner «hört», wenn Sie gleichzeitig E-Mails abfragen.
- Seien Sie von Ihrer Meinung überzeugt. Egal, was andere denken, Ihre Meinung ist wichtig. Wenn Sie unsicher sind, merkt man das Ihrer Stimme an.
- Singen Sie. Unter der Dusche, im Auto, wo auch immer – und zwar aus vollem Halse. Dabei üben Sie die Bauchatmung, und die lässt jede Stimme voller erscheinen, auch wenn Sie gerade nicht trällern. Wenn Sie wollen, können Sie auch Gesangsunterricht nehmen. Oder Yoga machen – denn dabei wird ebenfalls die Atmung trainiert.

Der Plan für mehr Sex-Appeal

Lockstoffe & Blockstoffe

Es ist bekannt, dass Gerüche eine entscheidende Rolle bei der Partnerwahl spielen. Biologen denken da in erster Linie an Sexuallockstoffe, Parfümhersteller an kostbare Blütenessenzen. Von beidem wird weiter unten noch die Rede sein. Mindestens so wichtig ist allerdings die Wirkung der Sexual*block*stoffe, die jede Annäherung zuverlässig verhindern können. Man betrachte nur einen wesentlichen Bestandteil des fortgeschrittenen Flirts: das Gespräch. Dumm, wenn sich die Gesprächspartnerin immer wieder abwenden muss, weil ihr im Dunstkreis des Mannes Erstickungsanfälle drohen. Hier gilt es vorzubeugen.

Mundfrische für Profis Den Mund- und Rachenbereich sollten Sie gut pflegen. Denn hier liegt oft die Ursache für schlechten Atem:

- Erwägen Sie die Anschaffung (und regelmäßige Nutzung) einer guten elektrischen Zahnbürste. Das Beste sind Zahnbürsten, die mit Ultraschall arbeiten. Diese Bürsten erkennen Sie an Zusätzen wie «sonic» oder «sonex» im Produktnamen.
- Benutzen Sie täglich Zahnseide und Mundwasser, kauen Sie nach dem Essen zuckerfreien Kaugummi, falls es keine Möglichkeit zum Putzen gibt.
- Putzen Sie Ihre Zunge mit. Hier tummeln sich Bakterien, weil auch auf der Zunge Nahrungsreste hängen bleiben.
- Gehen Sie regelmäßig zum Zahnarzt. Lassen Sie dort halbjährlich eine professionelle Zahnreinigung durchführen. Die sorgt nicht nur für ein strahlend weißes Lächeln – ein wichtiges erotisches Signal –, sondern die Beißer bleiben auch lange gesund und damit geruchsfrei. Bei dieser Gelegenheit erfahren Sie auch, wie Sie Zahnseide korrekt benutzen.
- Mundgeruch kann von Entzündungen im Hals- und Rachenbereich herrühren. Lassen Sie bei Mundgeruch trotz vorbildlicher Zahnhygiene einen Check-up beim Hals-Nasen-Ohren-Arzt machen.

Der Kolben riecht Fieser Geruch muss nicht immer aus dem Mund kommen. Manchmal stinkt es auch aus der Nase zum Himmel. Vor allem Menschen, die sich oft in klimatisierten Räumen aufhalten müssen – etwa in Messehallen oder Flugzeugen –, trifft dieses Phänomen. Oder Leute, die so häufig abschwellendes Nasenspray benutzt haben, dass ihre Schleimhaut trocken und rissig geworden ist. Die Betroffenen wissen oft gar nicht, dass ihre Nase riecht. Beugen Sie deshalb vor:

- Machen Sie ab und zu eine Nasenspülung mit Salzwasser (Zwei Teelöffel Meersalz in einem Viertelliter lauwarmem Wasser auflösen. Dann ein Nasenloch zuhalten, das Wasser durch das andere einziehen. Ein paar Mal auf jeder Seite). Danach ein Tropfen Nasenöl.
- Vermeiden Sie die Benutzung von Nasenspray mit abschwellenden chemischen Wirkstoffen (z. B. Xylometazolin).
- Benutzen Sie zwischendurch ein Meerwasser-Nasenspray (Drogerie / Apotheke), und zwar immer, wenn Sie das Gefühl haben, Ihre Schleimhaut trocknet aus.

Schlau speisen Natürlich wissen Sie, dass einige Nahrungsmittel für gemeinen Stunk verantwortlich sind. Trotzdem sollten Sie deswegen nicht auf alles verzichten, manche Sachen sind dazu einfach viel zu lecker und viel zu gesund. Wenn Sie allerdings planen auszugehen, zu flirten oder gar ein Rendezvous haben, sollten Sie sich sowohl am Tag zuvor als auch unmittelbar vor dem Termin ein paar Gedanken um Ihren Speisezettel machen.

- Knoblauch, Zwiebeln, Lauch usw. sorgen dafür, dass Menschen, die Ihnen begegnen, oft noch am nächsten Tag wissen, was Sie gegessen haben. Außerdem zeichnen diese Gewächse für Gasentwicklung verantwortlich. Hier ist bei Flirtabsichten Abstinenz angesagt! Die üblichen Tipps, man solle Chlorophyllbonbons lutschen beziehungsweise Rotwein oder Kaffee zu den Stinkbomben-Speisen trinken, sollten Sie wegen Unzuverlässigkeit vergessen. Einzig Milch hilft ein wenig gegen den Knobi-Atem, jedoch nicht gegen die Ausdünstung über die Haut.
- Wenn Sie erst am nächsten Tag merken, dass auf der Pizza von gestern so viel Knoblauch war, dass heute nicht nur Vampire einen Bogen um Sie machen werden, sagen Sie die Einladung zur Party am Abend nicht sofort ab. Regen Sie Ihren Stoffwechsel an, gehen Sie joggen. Dabei werden Sie zwar bestialisch stinken, dafür haben Sie freie Bahn und scheiden einen großen Teil der fiesen Geruchsmoleküle bereits über den Schweiß aus. Die Chance, dass Sie bis zum Abend nicht mehr oder nur noch ein kleines bisschen nach Knobi müffeln, wird so enorm erhöht.
- Alle Kohlsorten und Hülsenfrüchte verursachen Blähungen. Was oft vergessen wird: Auch Milch kann die Übeltäterin sein. Milchzuckerunverträglichkeit ist weit verbreitet. Machen Sie Ihr Frühstücksmüsli darum lieber mit Joghurt als mit Milch an, in Joghurt ist der Milchzucker bereits vergoren.

Jeder Mann ein Lockvogel? Pheromone sind Sexuallockstoffe. Die des Menschenmannes schmuggeln Frauen im Idealfall die Botschaft in den Hinterkopf, dass der Typ da vor ihnen ein richtig kerniger Kerl ist. Richtig ist, dass diese Lockstoffe unter anderem im Schweiß vorkommen. Richtig ist ebenfalls, dass hier kleinste Mengen genügen, um eine Wirkung zu tun. Richtig ist weiterhin, dass diese Stoffe unbewusst wahrgenommen werden, und zwar über die Nase. Allerdings nicht über das «normale» Riechsystem, sondern über ein Extra-Organ, das so genannte Vomeronasal-Organ. Falsch ist, dass die Sexuallockstoffe das sind, was Sie riechen, wenn Sie sich tagelang nicht gewaschen haben. Das ist nämlich ein Zersetzungsprodukt fieser Hautoberflächenbakterien und verführt höchstens die Bakterien selbst zu sexuellen Handlungen. Müffelgeruch finden die wenigsten Frauen kernig, denn die stehen eher auf Jungs, die sie auch am Geruch auf Anhieb von einer Müllkippe unterscheiden können. Duschen hilft!

Sie beginnen bereits zu transpirieren, sobald Ihre Umgebung die Temperatur eines Kühlhauses übersteigt? Gehen Sie zum Arzt! Denn hinter extremem Schwitzen, das auch mit Waschen und Deo nicht in den Griff zu bekommen ist, kann sich eine ernsthafte Erkrankung verbergen. Etwa eine Schilddrüsenüberfunktion, Diabetes oder Infektionen.

Künstliche Pheromone – ja oder nein? Da eben schon von Pheromonen die Rede war: Es gibt inzwischen einige Anbieter geheimnisvoller Essenzen, die, unter das eigene Parfüm oder die Bodylotion gemixt, das jeweils andere Geschlecht verrückt machen sollen. Es soll sich dabei um die chemische Nachbildung der menschlichen Sexuallockstoffe, eben der Pheromone, handeln. Die Wirkung dieser teuren Wässerchen ist ausgesprochen fragwürdig. Einige Hersteller bieten hier nämlich mit verheißungsvollen Versprechungen die in der Schweinezucht verwendeten Pheromone Androstenon und Androstenol an, die zufällig und unter vielen anderen Stoffen auch im menschlichen Schweiß nachzuweisen sind. Die Schlussfolgerung allerdings, dass aufgrund dieser zufälligen Übereinstimmung diese Stoffe auch beim Menschenweibchen die Wirkung entfalten, die sie bei der Sau haben (nämlich Paarungsstarre für die ungestörte Besamung), ist leider falsch. Und selbst beim Schwein funktioniert das Zeug nur, wenn die Sau gerade fruchtbar ist.

Außerdem verströmt jeder Mensch, ob Mann oder Frau, seine ganz eigenen Lockstoffe. Ein Schweizer Forscher hat festgestellt, dass über die Pheromone genetische Informationen, unter anderem über das Immunsystem des andersgeschlechtlichen Gegenübers, transportiert werden, die unbewusst wahrgenommen werden.

Wenn man jemanden kennen lernt und sexy findet, ihn oder sie also «gut riechen» kann, passen sehr wahrscheinlich auch die Gene im Hinblick auf potenziellen gesunden Nachwuchs zusammen. Nun denkt natürlich beim Flirten fast niemand bereits an Kinder, aber unbewusst werden solche Faktoren dennoch abgecheckt.

Dass künstliche Pheromone diese sehr individuellen und komplexen Signale nicht nachzubilden vermögen, ist eigentlich logisch. Darum: Sparen Sie sich das Geld für synthetische Lockstoffe, und setzen Sie auf Ihre eigenen. Gerne in Kombination mit einem guten Parfüm.

Duftwässerchen und Co. Mancher Werbespot verführt Männer zu der Annahme, sie müssten nur ein bestimmtes Dufterzeugnis benutzen, schon lägen ihnen die Frauen zu Füßen beziehungsweise ausgezogen und willig im Schlafgemach. Das ist natürlich übertrieben, dennoch hat ein wohlriechender Mann bei den Damen einen klaren Vorsprung vor den Stinkstiefeln. Welchen Duft Sie bevorzugen, bleibt Ihnen überlassen. Allerdings sollten Sie wissen, dass die sehr preisgünstigen Parfüms aus dem Drogerie-Discounter auch meistens sehr preisgünstig riechen. Lassen Sie sich besser in einer Parfümerie beraten. Parfümerie-Fachverkäuferinnen lieben es, charmanten männlichen Kunden bei der Auswahl ihres zukünftigen Parfüms zu helfen, verirren sich doch selten Männer in die Galaxien der Schönheit. Eine ausgezeichnete Gelegenheit zur Flirtübung übrigens. Sie können sich natürlich auch von einer Freundin oder Bekannten, deren Urteil Sie vertrauen, begleiten lassen. Aber Achtung: Die Nase kann nur wenige Düfte auf einmal aufnehmen. Darum lassen Sie sich lieber ein paar Proben mitgeben, die Sie in Ruhe zu Hause testen, wenn Sie sich noch nicht sicher sind. Sobald Sie «Ihr» Parfüm gefunden haben, gelten folgende Grundregeln:

- Weniger ist mehr. Zu viel des guten Duftes wirkt nicht erotisch, sondern allenfalls aufdringlich.
- Der Geheimtipp französischer Parfümeure ist es, den Duft nicht auf den Körper aufzutragen, sondern hinten auf die Kleidung zu sprühen (um Verfärbungen zu vermeiden, erst an unsichtbarer Stelle ausprobieren!). So riecht man sich nicht so schnell am eigenen Duft satt, sondern erhascht immer nur ein wohlriechendes Wölkchen, wenn man den Körper bewegt. Das hilft, Überdosierung zu vermeiden.
- Seien Sie vorsichtig mit «nachlegen». Fragen Sie jemanden mit intaktem Geruchssinn (also keinen Kettenraucher), ob Sie noch duften, und sprühen Sie nur nach, wenn die Antwort «Nein» ist.

Kosmetische Überlegungen

Nicht nur der Geruch ist beim Flirten sehr wichtig. Natürlich will auch das weibliche Auge von einem gepflegten Mann verwöhnt werden und nicht an unschönen Details wie Trauerrändern unterm Nagel hängen bleiben. Sie möchten doch nicht bei Ihrer Traumfrau Punktabzug bekommen, nur weil Ihnen Ihre Optik nicht ein paar Minuten mehr im Bad Wert war. Oder doch?

Sie haben es in der Hand Bei «Maniküre» denken Sie an künstliche Krallen in Pink? Das ist nur was für Tussis? Dann denken Sie um. Frauen achten sehr auf die Hände eines Mannes. An ihnen lesen die Mädels zum Beispiel ab, ob er a) im Bett gut zupacken kann und ob er b) die wichtigsten Hygieneanforderungen erfüllt. Schließlich sieht eine Frau in jedem Mann, den sie neu kennen lernt, immer auch – zumindest unterbewusst – einen potenziellen Sexualpartner. Bringen Sie die Gute besser nicht auf Gedanken wie: «Igitt, mit diesen Drecksflossen will der Kerl mich vielleicht anfassen? Hilfe!»

Am liebsten sehen die Damen am unteren Ende des Armes leicht muskulöse und dabei unauffällig manikürte Hände. Das heißt: Zusätzlich zur täglichen Reinigung sollten Sie ein- bis zweimal pro Woche die Nägel schneiden, die Ecken glatt feilen, sowie die Nagelhaut zurückschieben. Wer Rillen glätten will, sollte zusätzlich eine Polierfeile aus der Drogerie benutzen. Eine Hand- und Nagelcreme ist das i-Tüpfelchen.

Schön muskulöse Hände bekommen Sie von Sportarten wie Volley- und Handball oder Segeln. Aber auch das Spielen von Instrumenten wie Schlagzeug oder Klavier formt die Hände vorteilhaft und sorgt nebenbei für sexy Unterarme, auf die Frauen fliegen. Wahlweise können Sie jeden Tag eine Pizza backen und den Teig von Hand kneten – und anschließend vielleicht Ihre Traumfrau dazu einladen.

Fußnoten Besonders im Sommer geraten auch die Füße ins Blickfeld. Ob im Freibad, am Strand oder – unverhofft – im Bett Ihrer eben gemachten Bekanntschaft: Plötzlich wird bloß gelegt, was sonst in Sneakers oder Halbschuhen vor sich hin existiert. Glauben Sie nicht, dass die Süße Ihren Körper so weit unten schon nicht inspizieren wird. Sie wird – früher oder später!

Die Vernachlässigung dieser Körperregion sieht man meistens deutlich: Lange, brüchige Nägel, Hornhaut und Druckstellen mit Verfärbungen. Am besten gönnen Sie sich einmal im Monat eine professionelle Pediküre. Falls Sie sich dazu nicht durchringen können, sollten Sie ab und zu ein Fußbad mit Weidenrindenextrakt machen. Das weicht Verhornungen auf, die Sie anschließend mit einem Bimsstein abrubbeln können. Dann noch die Nägel gerade abknipsen und gegen den ärgsten Turnschuhmuff ein bisschen desodorierenden Fußpuder aufstäuben. Fertig.

Bei Fußpilz bleibt Ihnen allerdings nichts anderes übrig, als so schnell wie möglich zum Hautarzt zu eilen. Schämen müssen Sie sich deswegen nicht, das kommt in den besten Familien vor, und der Arzt hat so was auch schon häufiger gesehen. Worauf warten Sie?

Haariges Angeblich soll etwa die Hälfte aller Frauen auf volles Haupthaar stehen. Bleibt eine Hälfte, die auch einem Kerl mit Haarausfall etwas abgewinnen kann. Die Mädels wissen schließlich: Männer, denen die Haare am Kopf ausgehen, haben einen hohen Testosteronspiegel. Das heißt, sie sind vermutlich gut im Bett. Den Weg dorthin verbauen sich allerdings auch heutzutage noch manche Herren durch Styling-Verbrechen wie die klassische Physiklehrer-Frisur. Wie die aussieht? An einer Seite länger wachsen lassen, Haaröl rein und dann von links nach rechts über die Platte pappen … Tappen Sie nicht in diese Falle:

- Ob mit viel, weniger oder ganz ohne Haupthaar, die Devise lautet immer: Gepflegt und typgerecht sollte seine Kopfgestaltung sein, dann hat auch eine Glatze Sex-Appeal. Wenn Sie unsicher sind: Fragen Sie ein paar Frauen in Ihrem Freundeskreis (sicherheitshalber keine Verwandtschaft!), was die meinen, und vertrauen Sie auf das Urteil der Mehrheit.
- Gehen Sie, sofern Sie auch nur noch ein bisschen Haar besitzen, regelmäßig zum Friseur. Ein frischer Haarschnitt macht einen besseren Eindruck als Gestrüpp.
- Strittig ist die Frage: Dürfen aus dem oben offenen Hemd Haare quellen oder nicht? Burt-Reynolds-Brustfrisuren sind für manche Dame ein Zeichen ungezähmter Männlichkeit. Andere laufen vor der Matte schreiend davon. Blöd ist, dass Sie nicht vorher wissen, an welche dieser beiden Parteien Sie geraten. Lassen Sie Ihre Brust darum der Einfachheit halber so, wie sie ist.
- Den Vollbart wegzumähen ist angeraten, in Umfragen sahnen immer die Kerle mehr Sympathiepunkte ab, deren Gesicht ohne Schwierigkeiten von dem eines Riesenschnauzers zu unterscheiden ist. Am Drei-Tage-Bart scheiden sich die Geister. Zumindest so lange, bis es ans Küssen geht: Auf das fiese Kratzen stehen Frauen nämlich nie, das tut weh und macht Pickel. Also: Besser täglich rasieren! Sie wären nämlich nicht der Erste, bei dem auf einen Flirt ein Kuss folgt.

- Aus Nase und Ohr ragende Haare finden die wenigsten Frauen erotisch. Ein Nasenhaarschneider ist dennoch eine unsinnige Investition, Nagelschere oder Langhaarschneider tun es genauso. Benutzen Sie nur keine Pinzette, denn dann gibt's Entzündungen.
- Perücken und Toupets finden Frauen ebenfalls selten toll, vor allem dann nicht, wenn sie so ein Teil beim wilden Sex (auch der kann sich einem Flirt anschließen) plötzlich in der Hand halten. Dann doch lieber natürlich haarlos.
- Sie sind schon grau? Dann färben Sie Ihre Haare, wenn Sie wollen. Sie können es aber auch sein lassen. Verleihen doch graue oder weiße Haare Ihnen den aufregenden Schimmer des erfahrenen Mannes.

Haut Ein paar Fältchen sind bei Männern meistens kein großes Problem. Frauen sehen großzügig darüber hinweg, sofern die Haut ansonsten gepflegt wirkt. Unreine, fettige Haut finden die Ladys da schon weniger ansehnlich. Mit fettreicher Ernährung haben entzündete Pickel entgegen weit verbreiteter Annahmen übrigens gar nichts zu tun. Sie dürfen also weiterhin Schokolade und Eis essen, wenn Ihre Figur das verträgt. Bei milden Formen unreiner Haut können Sie auf Teebaumölprodukte zur Reinigung und Pflege Ihrer Haut zurückgreifen (Waschgel, Gesichtswasser, Peeling, antibakterielles Feuchtigkeitsgel). In Tests wurde nachgewiesen, dass Produkte mit Teebaum-Öl meist besser wirken als Anti-Pickel-Mittel mit chemischen Zusätzen, die den Hautzustand zum Teil noch verschlimmern können. Gegen Fettglanz auf Nase, Kinn und Stirn können Sie zwischendurch so genannte «Oil Blotting Papers» aus Drogerie oder Parfümerie verwenden, die wie ein Löschpapier überschüssiges Fett aufsaugen. Denn pudern wollen Sie sich wahrscheinlich nicht, oder?

Haben Sie allerdings eine ausgewachsene Akne – die gibt es durchaus auch noch jenseits des Teenager-Alters –, hilft nur der Gang zum Hautarzt.

Augenfälliges Frauen schauen einem Mann gerne in die Augen. Vor allem beim Flirten und vor allem, wenn er schöne hat. Attraktive Männeraugen zeichnen sich meist durch seidige dunkle Wimpern aus. Haben Sie nicht, denn Sie sind blond, und Ihre Wimpern sind es auch? Sie haben sich damit abgefunden, dass Ihre Freunde «Bobele» zu Ihnen sagen – was sollen Sie auch machen? Etwa Wimperntusche benutzen?

So weit brauchen Sie nicht zu gehen. Die Lösung lautet: Lassen Sie sich bei Ihrem nächsten Friseurbesuch die Wimpern färben. Sie müssen das ja niemandem verraten. Wenn Sie auf dem Kopf sehr blond sind, wählen Sie am besten braune Farbe, das sieht viel natürlicher aus als schwarz oder gar blau-schwarz. Hält fünf bis acht Wochen.

Training Der Mann als solcher sieht morgens beim Rasieren in den Spiegel. Doch was sieht er da genau? Exakt den Ausschnitt seines Körpers vom Scheitel bis etwa zu den Brustwarzen, alles Weitere bleibt unsichtbar. Möglicherweise ist hier die Erklärung zu suchen, warum die Herren der Schöpfung häufig ihren Bizeps und Brustmuskel trainieren, die übrigen Körperbereiche aber vernachlässigen. Männer, Sie vielleicht auch, schätzen ihren trainierten Bizeps und glauben darum, Frauen tun das auch. Das stimmt aber lediglich mit grundsätzlichen Einschränkungen. Nämlich, solange der trainierte Oberarm a) nicht ballonartige Dimensionen annimmt und b) in vernünftigem Verhältnis zum Rest steht. Das heißt im Klartext: Ein Schwarzenegger-Bizeps wirkt in Kombination mit Hühnerbrust an Spargelbeinen albern. Genauso albern wie übrigens zum Bierbauch. Also: Wenn Training, dann konsequent. Es ist kein Gerücht: Die Damen schätzen Waschbrett und Knackpo weit mehr als andere körperliche Vorzüge.

Besser flirten mit dem richtigen Stoff?

In Studien fanden Forscher schon in den Sechzigerjahren heraus, dass ähnliche Kleidung des Gegenübers für einen Sympathiebonus sorgt. Durch spätere Forschungsergebnisse wurde das bestätigt.

Mit der Kleidung wird eine Menge über ihren Träger vermittelt. Über seinen Geschmack, über seinen sozialen Status. Natürlich gibt es hier viel Raum zur «Täuschung», teure Anzüge können geliehen sein, oder jemand trägt etwas, das nicht seinem eigenen Geschmack entspricht, sondern dem seines Partners. Die Wirkung bleibt bestehen.

Wie sympathiefördernd ähnliche Kleidung sein kann, hat jeder schon einmal erlebt, der «underdressed» in Jeans und T-Shirt auf einer Party erschienen ist, zu der Abendkleidung angesagt war. Wie angenehm, plötzlich in der nobel gewandeten Menge noch jemanden in Freizeitkleidung zu entdecken, der ebenfalls die Einladung nicht aufmerksam genug gelesen hat. Augenblicklich entsteht Komplizenschaft. Wenn sich auf diese Weise Mann und Frau treffen, ist ein Flirt fast programmiert.

Was sagt Ihnen das? Zum einen, dass Kleidung wichtig ist und – je nach Umgebung – das eigene Wohlgefühl positiv oder negativ beeinflussen kann. Zum anderen, dass es kein Patentrezept gibt, in welcher Kleidung es sich am besten flirten lässt. Trotzdem sollten Sie sich einige Gedanken darüber machen, was Sie anziehen – und was nicht.

Bleiben Sie authentisch! Im Beruf oder bei bestimmten gesellschaftlichen Anlässen gibt es oft Kleiderordnungen, die man befolgen muss: In der Bank herrscht für die Herren Anzugzwang, und bei den Wagner-Festspielen muss es feinster Zwirn sein. In diesen Zusammenhängen sagt die Kleidung darum nichts Persönliches über ihren Träger aus. Hier genügt es, der Kleiderordnung Folge zu leisten, um sich mit seiner Umwelt (und den darin befindlichen Damen) im Einklang zu fühlen.

Ganz anders liegt die Sache in der Freizeit: Hier ist das wichtigste Moment beim Kleidungsstil die Authentizität. Sind Sie eher der klassische Typ, der sich auch außerhalb der Arbeit in Anzügen oder allgemein konservativer Garderobe wohl fühlt? Dann wirkt es mit Sicherheit seltsam, wenn Sie plötzlich im engen Shirt und Glitzerhose auf Achse gehen, weil Sie einem netten Verkäufer geglaubt haben, dass sei jetzt «hip». Und umgekehrt muten Sie möglicherweise wie ein verspäteter Konfirmand an, wenn Sie Anzüge hassen und trotzdem einen anziehen.

Was ist aber, wenn Sie auf dieses kleine Luder stehen, das aussieht wie die Teenie-Pop-Queen aus Übersee? Da muss man sich doch gemäß dem oben erwähnten «Gleich-und-gleich»-Grundsatz wie ein Mitglied einer Boyband kleiden, oder?

Ganz falsch! Ähnliche Kleidung wirkt nämlich nur dann anziehend, wenn auch sie Authentizität vermittelt. Nehmen wir an, Sie lieben den Western-Look mit Cowboystiefeln und seitlich gefranster Lederhose. Dann werden Sie vermutlich die allerbesten Karten bei einem sportlichen Cowgirl haben. Bei allen anderen Mädels stehen Ihre Chancen aber auch nicht schlecht, denn wenn Sie sich Ihrem persönlichen Stil entsprechend kleiden, werden Sie sich aller Wahrscheinlichkeit nach sicher fühlen und Souveränität ausstrahlen. Das macht attraktiv!

Verkleidungen allerdings, die Sie lediglich anlegen, um einer Frau zu gefallen, können schnell ins Peinliche abrutschen. Wenn Sie etwas tragen, was Ihnen nicht entspricht, werden Sie unsicher. Das spürt auch Ihr Gegenüber, ob Sie wollen oder nicht. Und außerdem: Möchten Sie, dass die Frau einen Mann sympathisch findet, der Sie eigentlich nicht sind? Stellen Sie sich einmal vor, aus dem Flirt wird mehr.

Dann stehen Sie vielleicht irgendwann vor Fragen wie den folgenden: Tue ich weiter so, als sei ich der supermodische Designklamotten-Typ? Oder riskiere ich, dass sie geschockt ist, wenn Sie merkt, dass ich eine Hawaii-Hemden-Sammlung beherberge? Dann ist es doch besser, direkt das Hawaii-Hemd anzuziehen.

Haben Sie auch in puncto Kleidung den Mut, Sie selbst zu sein. Geschmack ist schließlich immer Ansichtssache, und wenn es zum berühmten Streitfall kommt, ist es besser, seinen persönlichen Stil zu verteidigen als irgendetwas, von dem man eigentlich nicht überzeugt ist, von dem einem aber jemand anders gesagt hat: Das trägt man jetzt so!

Kleidung als Glücksbringer Jeder Manager hat mindestens einen Glücksbringer unter seinen Kleidungsstücken. Motto: Die Krawatte mit den kleinen blauen Punkten habe ich bei einem erfolgreichen Geschäftsabschluss getragen. Heute habe ich wieder ein schwieriges Verhandlungsgespräch vor mir. Also nehme ich wieder den blauen Binder. Damit alles gut läuft. Das klingt natürlich nach Aberglauben, und im Grunde traut man den Topleuten der Wirtschaft so viel Irrationalität gar nicht zu. Aber es wirkt, weil das Unterbewusstsein durch solche kleinen Stützen auf Erfolg programmiert wird!

Nutzen auch Sie Ihre Kleidung als Glücksbringer. Haben Sie ein bestimmtes T-Shirt getragen, als Sie eine angenehme Bekanntschaft gemacht haben? Ziehen Sie es zum Ausgehen wieder an. Sagen Sie sich immer wieder: Es kann nichts schief gehen, denn ich trage mein Glückshemd. Sie werden sich gut fühlen und sehen: Es wird auch nichts schief gehen, die positive Self-Fulfilling-Prophecy bahnt sich den Weg. Probieren Sie es aus!

Zeigt her eure Füße Viele Menschen, nicht nur Frauen, sehen einem Mann auf die Schuhe. An ihnen, so heißt es, soll man den sozialen Status eines Menschen besonders gut erkennen können. Sicher ist: Gepflegte Schuhe geben auch einem lässigen Outfit den letzen Schliff. Dagegen können schmutzige Schlunzlatschen mit schiefen Absätzen den Eindruck des tollsten Designeranzugs ruinieren. Und das möchten Sie doch beim Flirten sicher nicht riskieren? Oft lohnt es sich auch, ein bisschen mehr Geld für gute Schuhe auszugeben. Die halten meist länger und sehen dabei besser aus.

Übrigens: Nicht nur noble Halbschuhe, auch Turnschuhe oder Stiefel machen einen besseren Eindruck, wenn an ihnen nicht mehr der Morast des letzten Spaziergangs klebt.

Zum guten Fußerscheinungsbild gehören natürlich auch die richtigen Socken. Weiße Tennissocken gehören nur in (weiße) Tennisschuhe, andere Sportsocken nur in sportliche Schuhe. Unter Anzügen darf das Männerbein auch im Sitzen nicht blitzen, da sind Etikette-Experten ganz streng. Kaufen Sie darum – farblich zum Schuh passend – wadenlange Socken. Und verkneifen Sie sich «witzige» Motive, das wirkt pubertär.

Guter Stoff Was für Schuhe gilt, ist auch für die Kleidung richtig. Egal, welchen Stil Sie bevorzugen: Billigartikel aus dem Modediscounter mögen up to date sein, gut verarbeitet sind sie nur in Ausnahmefällen. Wenn Sie nicht nach drei Wäschen an den Säumen ausfransende und dazu ausgefärbte Sachen haben möchten, sollten Sie auf bessere Qualität setzen. Hochwertige Kleidung hält länger, Sie müssen seltener einkaufen. Um dabei nicht arm zu werden, nutzen Sie Gelegenheiten wie Schlussverkauf, Internet-Versteigerungen und Fabrik-Verkäufe. Denken Sie daran: Die Damenwelt ist modebewusst und schätzt gut gekleidete Kerle!

Kavaliere können's besser

Freundlichkeit, das haben Umfragen gezeigt, ist neben Vertrauenswürdigkeit eine der zentralen Eigenschaften, die Frauen an Männern schätzen. Viel gewonnen haben Sie deswegen schon, wenn Sie gerne und viel lächeln und lachen. Darüber hinaus können Sie aber noch mehr tun. Das magische Wort heißt: Höflichkeit. Ein Mann, der Türen aufhält und der Dame so in den Mantel hilft, dass sie sich nicht verrenken muss, wirkt nicht nur freundlich, sondern auch selbstsicher. Und macht auf Frauen Eindruck in dieser von Rüpeln dominierten Welt. Darüber hinaus erleichtern viele Gesten der Höflichkeit den ersten Kontakt und sind es schon allein deshalb wert, beachtet zu werden. Nicht zuletzt kann ein perfekt ausgeführter Handkuss Herzen gewinnen.

Im Folgenden finden Sie die beim Flirten relevanten Kavaliers-Tugenden. Zum Auswendiglernen.

Mann, pass auf!

Aufmerksamkeit ist die wichtigste Eigenschaft des Kavaliers. Zu erkennen, wann er einer Dame die Eingangstür aufhalten kann, wann ein Regenschirm offeriert werden könnte oder das Feuer für die Zigarette: Nur jemand, der die Augen offen hält, ist hier zur Stelle. Oft ergibt sich gerade hieraus die Gelegenheit für einen Flirt. Ein paar Tipps:

- *Tür aufhalten:* Wenn Sie einer Frau die Tür aufhalten, lassen Sie sie als Erste hindurchgehen. Auch wenn Sie Drehtüren passieren, gilt: Als Erstes die Dame! Wenn Sie auf diese Weise unbekannten Frauen Ihre Verehrung demonstrieren, werden Sie garantiert einen Blick und ein Lächeln ernten. So beginnen Flirts! Bei Autotüren ist es übrigens auch in Zeiten der Zentralverriegelung angebracht, einer Frau die Beifahrertür zu öffnen – und sie auch hinter ihr zuzuklappen. Auf lange Röcke und Mäntel achten!
- *Auf der Treppe:* Auf Treppen geht die Frau beim Hinaufgehen vor (herzlichen Glückwunsch zur Aussicht!) – und beim Hinabgehen hinter dem Mann. Grund: So kann er sie ritterlich auffangen, wenn sie stolpert.
- *Die Garderobe:* Einer Frau aus dem Mantel zu helfen und ihn an der Garderobe auf einen Bügel zu hängen sollte keine größere Schwierigkeit darstellen. Ihr hinein zu helfen, ohne dass sie sich verdrehen muss oder der Mantel über den Boden schleift,

ist da schon komplizierter. Dummerweise werden Sie gegen Ende eines Flirts häufig in die Lage geraten, genau dies tun zu müssen. Richtig ist: Nehmen Sie den Mantel, halten Sie ihn mit der Rückseite vor sich und *greifen Sie von oben in die Ärmelöffnungen* hinein. Die Dame wird sich jetzt seitlich vor Sie stellen und darauf warten, dass Sie ihr den rechten Ärmel etwa auf Brusthöhe anbieten. Sobald sie mit der Hand drin ist, führen Sie den Ärmel samt Mantel etwas nach oben. Auf der linken Seite das Gleiche: Ärmelloch auf die Hand zuführen, bis sie drin ist, und dann den Mantel nach oben führen. Achten Sie darauf, dass der Mantel an den Schultern richtig sitzt, und korrigieren Sie gegebenenfalls durch leichtes Anheben und in Position Ziehen. Alles Weitere ist Sache der Dame.

- *Sitz anbieten?* Angenommen, Sie sitzen bequem auf einem Barhocker und eine wundervolle Frau quetscht sich neben Ihnen an den Tresen, um etwas zu bestellen. Dann brauchen Sie nicht sofort aufzuspringen, um ihr Ihren Platz anzubieten. Sie sollten als höflicher Mensch allerdings vorübergehend Platz machen, damit sie besser an die Bar kommt, um ihre Bestellung aufzugeben. Wenn sich dann allerdings ein Gespräch ergibt, zeichnen Sie sich als Kavalier dadurch aus, dass Sie ihr *jetzt* tatsächlich den Hocker offerieren. Falls Sie ablehnt: Glück gehabt! Anders sieht es aus, wenn Sie auf einem Stuhl sitzen und die Frau gezwungen ist, sich beim Reden zu Ihnen hinunterzubeugen. Dann heißt es auf jeden Fall: Aufstehen!
- *Bezahlen?* Die Zeiten, in denen ein Mann immer automatisch die Getränke für die Dame mitbezahlt hat, sind zum Glück vorbei. Und hoffentlich auch die Zeiten, in denen Männer Frauen anzubaggern versuchen, indem sie ihr durch das Service-Personal ein Bier aufdrängen («Ein Pils für die Kleine da drüben!»). Heute bestellt und bezahlt die Frau in der Regel für sich selbst. Die Einladung eines Unbekannten wirkt nicht zuvorkommend, sondern immer verpflichtend, und Sie sollten sie darum nur aussprechen, wenn Sie bereits mitten im Flirt sind und sich sehr gut verstehen. Umgekehrt dürfen Sie gerne die Einladung Ihrer netten Bekanntschaft annehmen, mit der Sie gerade flirten.
- *… und immer im Takt!* Sehr viel mit Höflichkeit hat es auch zu tun, Takt zu beweisen. Takt bedeutet, einen anderen Menschen seine Fehler oder Unhöflichkeiten, die dieser aus Unkenntnis oder Unsensibilität begeht, nicht spüren zu lassen. Meistens genügt es, auf den Fauxpas gar nicht einzugehen. Wenn etwa die Dame bereits an ihrem Getränk nippt, bevor Sie Ihres überhaupt in Händen halten, ignorieren Sie das einfach. So etwas ist ja nicht böse gemeint, eine Zurechtweisung könnte aber den Flirt überschatten. Seien Sie tolerant!

Die gelungene Vorstellung

Wie man sich selbst vorstellt, bestimmt maßgeblich den ersten Eindruck. Wie Sie sich am besten vorstellen, hängt vom Rahmen ab, in dem Sie sich gerade bewegen. Falls Sie eine Frau zwanglos in einem Club oder einem Café kennen lernen, reicht es meist, wenn Sie lediglich beizeiten Ihren Vornamen nennen: «Ach, übrigens, ich heiße Christian. Und wie heißt du?» Die Höflichkeit gebietet es hier hauptsächlich, das Vorstellen bis zur Verabschiedung nicht zu vergessen.

Anders, wenn ein äußerer Anlass gegeben ist. Etwa eine Betriebsfeier, die Geburtstagsparty eines Freundes oder ein Kongress, den man aus beruflichen Gründen besuchen muss. In diesen Fällen stellt der höfliche Mann sich *zu Beginn* jedes Gesprächs mit Namen vor. Und zwar je nach Anlass nur mit dem Vornamen (auf der Party/Familienfeier) oder seinem Vor- und Zunamen (auf dem Betriebsfest/Kongress). Er fügt außerdem noch eine weitere Information über sich hinzu, die dem Rahmen angemessen ist und den Gesprächseinstieg – und damit einen Flirt – erleichtert. Auf der Betriebsfeier stellen Sie sich einer bislang unbekannten Kollegin also nicht einfach mit «Ich bin Stefan Meier» vor, sondern vielleicht mit: «Ich bin Stefan Meier aus dem Einkauf. Das ist da, wo immer so laut gefeiert wird. Und wer sind Sie?» Möglicher Fortgang der Unterhaltung: Die Dame teilt Ihnen mit, sie sei Chiara Müller aus der Presseabteilung, und fragt dann: «Und was feiert ihr so?» Vielleicht stellt man ja auch fest, dass man bereits miteinander telefoniert hat, den gleichen Weg zur Kantine hat et cetera.

Wichtig: Warten Sie möglichst nicht, bis sich die Dame vorstellt. Der Kavalier gewährt seinem weiblichen Gegenüber den Informationsvorsprung, über seinen Namen Bescheid zu wissen, bevor er ihren kennt. Das dokumentiert Hochachtung.

Am einfachsten (und raffiniertesten) ist es allerdings, sich vom Gastgeber der Dame seiner Wahl vorstellen zu lassen, der im Idealfall die Gemeinsamkeiten seiner Gäste kennt: «Darf ich Ihnen Volker Hinz vorstellen? Er kommt aus dem gleichen Ort wie Sie, Frau Kunz.» Und schon hat man einen Gesprächsansatz.

Ob Sie ihr von sich aus bei der Begrüßung die Hand geben sollen? Lassen Sie es besser bleiben, weil Sie damit demonstrieren würden, dass Sie sich für etwas Besseres halten als die Dame. In der Öffentlichkeit gilt die Frau im Höflichkeits-Ranking als dem Mann übergeordnet. Das bedeutet: Sie ist berechtigt, Ihnen als Erste die Hand zum Gruß zu reichen – oder es sein zu lassen, wenn sie Ihre Hand nicht schütteln will. Ausnahmen: Sie sind entweder uralt oder eine Persönlichkeit wie der Bundespräsident. Dann *müssen* Sie zuerst.

Wenn Ihnen aber eine Dame die Hand reicht, können Sie sich überlegen, ob Sie nicht die charmanteste Variante des Grußes von Mann zu Frau wählen: den Handkuss.

Best of Casanova: Der Handkuss

Der Handkuss ist ein selten gewordenes Ritual und wirkt darum manchmal ein wenig altmodisch. Doch gerade, weil der Küssende damit demonstriert, dass es ihm egal ist, ob andere seine Bewunderung für die Dame mitbekommen, sind Frauen vom Handkuss meistens begeistert. Leider hapert's meist an der korrekten Ausführung. Dabei ist die eigentlich ganz einfach:

- Greifen Sie die Ihnen von der Dame angebotene Hand, sodass der Handrücken der Dame nach oben zeigt und nur die Finger locker in Ihrer Hand liegen.
- Beugen Sie sich mittels eines Dieners (gerader Rücken!) in Richtung der zu küssenden Hand. Ziehen Sie keinesfalls die Hand zu Ihren Lippen hinauf – das wird oft falsch gemacht!
- Stoppen Sie zwei Zentimeter vor dem Handrücken und hauchen Sie ihren Kuss in die Luft. Niemals mit den Lippen die Haut berühren!
- Wenn Sie sich wieder aufrichten, schauen Sie der Geküssten mit einem Lächeln in die Augen. Das war schon alles.

Der Handkuss sollte allerdings dem Privatleben vorbehalten sein, im Beruf hat dieses Ritual nichts zu suchen. Und setzen Sie ihn nicht zu inflationär ein, der Handkuss sollte etwas Besonderes bleiben.

Natürlich gibt es noch etliche Höflichkeits-Regeln, die aber beim Kennenlernen meist nicht relevant sind. Wenn Sie wissen möchten, wie man sich korrekt im Restaurant, bei Staatsempfängen, am Telefon oder im beruflichen Kontext verhält, sollten Sie überlegen, ob Sie nicht an einem Etikette-Seminar teilnehmen wollen, das verschiedene Institute anbieten. Das gibt auch im Privaten Sicherheit!

Ich packe meinen Koffer: Flirt-Accessoires

Bevor Sie das Haus verlassen, um zu flirten, sollten Sie erwägen, den Inhalt Ihres Aktenkoffers sowie Ihrer Jacken- oder sonstigen Taschen zu ergänzen. Ein wahrer Kavalier und Flirt-Profi ist auf alle Eventualitäten vorbereitet. Es gibt nämlich ein paar Dinge, die erleichtern den ersten Kontakt mit der Damenwelt ungemein. Dazu gehören:

- **Süßigkeiten** Das Anbieten von Süßkram empfiehlt sich besonders zur Kontaktaufnahme auf Bahnreisen, auf Zuschauer-Tribünen, auf Parkbänken, in Warteschlangen ... Hervorragend geeignet sind hierzu Leckereien mit Orakel-Charakter wie Lakritz- oder Weingummistreifen mit aufgedruckten Sprüchen wie: «Heute ist dein Glückstag!» (Ungünstige Sprüche vorher aufessen!) Pfefferminzbonbons haben den Vorteil, dass sie nicht nur angeboten werden können, sondern darüber hinaus auch der schnellen Erfrischung des eigenen Atems dienen.
- **Regenschirm** Endlich ein guter Grund, in der Schlechtwetterzone Mitteleuropa zu leben: Schöne Frauen im Regen. Die simple Sesam-öffne-dich-Frage lautet: «Möchten Sie mit drunter?» Und schon kommt man sich näher. Sengt ausnahmsweise mal die Sonne, dürfen Sie den Schirm auch unter dem Etikett «Sonnenschirm» anbieten.
- **Glückskekse** Die wahrsagenden Esspapier-Tütchen bekommen Sie in Asia-Märkten. Einziger Nachteil: Sie können sie nicht vorsortieren. Wenn Sie Pech haben, steht auf dem Zettel: «Bleiben Sie heute besser zu Hause.» In solchen Fällen gilt es, schlagfertig zu kontern: «Soll ich Sie hinbringen?»
- **Profi-Fotoapparat** Frauen sind schmeichelhaften Sätzen wie «Entschuldigen Sie, ich finde den Schwung Ihrer Oberlippe faszinierend. Finden Sie es sehr unverschämt, wenn ich Sie frage, ob ich Sie fotografieren darf?» hilflos ausgeliefert, bestätigen sie doch ihre offenbar umwerfende Attraktivität. Hier winkt ein Flirt.
- **Notizblock und Stift** Visitenkarten zu verteilen wirkt viel zu geschäftsmäßig. Besser, Sie schreiben Ihre E-Mail-Adresse auf. Selber. Mit der Hand. Das können Sie doch noch, oder?! Und auch, wenn ein Weg erklärt werden soll, sind diese Utensilien hilfreich.
- **Feuerzeug oder Streichhölzer** Wie dumm, wenn Sie die anvisierte Überfrau um das Entzünden ihres Glimmstängels bittet und Sie können nicht reagieren, nur weil

Sie Nichtraucher sind. Außerdem können Sie nie wissen, wo Kerzen oder Lagerfeuer heldenhaft entfacht werden müssen.

- **Papiertaschentücher** Am besten die mit Aloe Vera für zarte Nasen. Eine schöne Frau niest und – schwupp – hat sie ein Taschentuch von Ihnen in der Hand.
- **Taschenlampe** Gibt's auch in Mini für den Schlüsselbund. Ihrer Traumfrau fällt in der Kneipe etwas in die finstere Unterwelt des Barhockers – dann sind Sie zur Stelle. Auch hilfreich für den nächtlichen Strandspaziergang oder den plötzlichen Stromausfall (zugegeben, das kommt etwas seltener vor). Sie dürfen die Lampe ja auch ohne Frau nutzen.

Flirten kann man überall

Flirt-Reviere – wo funkt's am besten?

Jetzt, da Sie sich mental und optisch bestens auf einen Flirt vorbereitet haben und ihre Taschen mit Pfefferminzbonbons und Regenschirm präpariert sind, fragen Sie sich vermutlich, wo Sie am ehesten in den Genuss eines Flirts kommen. Auch wenn man im Prinzip überall flirten kann, gibt es in der Praxis mehr oder weniger geeignete Lokalitäten. *Optimal sind grundsätzlich alle Orte, an denen ein guter Sicht- und Hörkontakt möglich ist.* Doch auch darüber hinaus bieten sich manche Areale stärker als Flirt-Reviere an als andere. Die häufigsten Bagger-Zonen im Flirt-Check:

Im Club Der Klassiker. Und gleichzeitig völlig überschätzt. Ein Club, womöglich noch am Wochenende, ist der denkbar schlechteste Ort, um mit dem schönen Geschlecht anzubandeln. Zugegeben, der Anblick appetitlich verschnürter Weiblichkeit mag entzücken. Vor allem, wenn sich selbige mit wogendem Busen und knappem Rock auf der Tanzfläche präsentiert. Und auch treibende Beats neben alkoholischen Erfrischungen tragen dazu bei, die Atmosphäre erotisch aufzuladen. Doch bei farblich wechselnder Beleuchtung inmitten wabernder Menschenmassen ist bereits der Blickkontakt schwer aufzunehmen. Geschweige denn zu halten. Es kommt nicht selten vor, dass der flirtbereite Mann einer Dame zuzwinkert, die gar nicht ihn mit ihrem Augenaufschlag meint, sondern den Typen neben oder hinter ihm. Oder die – auch das ist möglich – gar keine Dame ist! Vielleicht sucht der glänzende Blick der Amazone auch nur die Bar, weil sie aus Gründen der Eitelkeit ihre Brille im Auto liegen gelassen hat.

Die Tanzfläche als Anbalz-Areal gleicht eher einem Minenfeld, als dass sie wirkliches Flirt-Potenzial böte. Ein scheinbar zufälliges Anrempeln kann zwar ein kurzfristiges Prickeln beim Angreifer verursachen, bleibt aber meistens ohne Folgen. Wahrscheinlicher Ablauf der Aktion: Der Rempler entschuldigt sich und lächelt, sie lächelt zurück. Dann dreht sie sich weg und tanzt weiter wie bisher. Ende! Das heißt, natürlich nur, wenn das Tanzflächen-Foul nicht in die Kategorie «Länderspiel England–Deutschland» fällt. Das wäre dann versuchte Körperverletzung. In diesem Fall können Sie sich die rote Karte schon mal gut sichtbar ans Revers heften, weil Sie als Dancefloor-Hooligan für alle weiteren Annäherungen gesperrt sind, was die betroffene Lady (und alle weiblichen Augenzeugen) betrifft.

Komplett abzuraten ist vom ab und an zu beobachtenden Antanzen der Auserwählten im Stil karibischer Limbo-Tänzer. Stellen Sie sich spaßeshalber kurz vor, Sie seien eine Dame, die sich eben noch verträumt mit geschlossenen Augen zur Musik bewegt hat. Und plötzlich ist da ein unbekannter Kerl, der Ihnen bis auf zwei Zentimeter Entfernung auf die Pelle rückt, und das auch noch mit sich im Rhythmus wiegenden Unterleib! So etwas empfinden die meisten Frauen als aufdringlich. Zu Recht! Heben Sie sich das Anpirschen lieber für die Großwild-Jagd auf.

Sollte es trotz genannter Tücken in der Disco doch zu einer nonverbalen Annäherung gekommen sein, erweist sich der Übergang zu einem Gespräch als umso schwieriger. Zum einen wird die Lautstärke ein erschwerendes Element darstellen. Ständig «Waaaas?» oder «Wie bitte?» zu schreien ist auf Dauer anstrengend. Doch selbst wenn das flirtende Paar es schafft, sich in einen ruhigeren Nebenraum zu retten, kommt am späteren Abend oft die alkoholbedingt abhanden gekommene Artikulations-Fähigkeit einer oder beider Parteien hinzu.

Flirt-Tipp: Wenn Sie schon im Saturday Night Fever flirten wollen: *Stellen Sie sich nicht an die Tanzfläche. Stellen Sie sich an den Gang zum WC.* Denn: Mädchen müssen immer mal. Den ersten Blick der vorbeieilenden Damen erhaschen Sie schon, bevor die Süßen hinter der Tür des Örtchens verschwinden. Den zweiten, wenn sie wieder raus kommen.
Außerdem empfiehlt es sich, früh loszuziehen, bevor der Club aus allen Nähten platzt. Wählen Sie einen Laden, der über eine Chill-Out-Area verfügt, um sich in ruhigere Gefilde zurückziehen zu können. Trinken Sie wenig Alkohol. In Großstädten gehen Sie sowieso besser unter der Woche tanzen. Da sind die Flirt-Bedingungen günstiger, weil die Lautstärke meistens heruntergeregelt ist und die Clubs angenehm ge-, aber nicht überfüllt sind.
Flirttauglichkeit Disco: befriedigend bis mangelhaft

Im Bahnabteil Beim klassischen und leider immer seltener werdenden Sechser-Bahnabteil handelt es sich zwar nicht unbedingt um die bequemste Art zu reisen. Schließlich sind immer irgendwelche ausgefahrenen Gliedmaßen oder Gepäckstücke im Weg. Was einen Flirt betrifft, ist diese Einschränkung der Bewegungsfreiheit aber ein immenser Vorteil. Schließlich kann Mann sich hervorragend Sympathie-Lorbeeren verdienen, indem er schwere Damen-Gepäckstücke gentlemanlike und unter dem bewusst eingegangenen Risiko eines Bandscheibenvorfalls auf die Ablage hievt. Ein dankbares Lächeln ist der sofortige Lohn!

An dieser Stelle ein Hinweis: Machen Sie es sich zur Gewohnheit, nicht nur Damen behilflich zu sein, die Sie sich auch lasziv räkelnd in Ihrer Satin-Bettwäsche zu Hause vorstellen könnten. Nehmen wir einmal an, Sie sitzen mit einer langbeinigen Schönheit im Abteil, deren falsches Kroko-Handtäschchen Sie soeben beflissen auf das Gepäckgitter befördert haben. Plötzlich betritt eine gebrechliche Neunzigjährige das Abteil, die einen schweren Koffer hinter sich her zieht. Preisfrage: Was tun Sie?

Genau, selbstverständlich sind Sie auch dieser alten Dame zu Diensten. Ansonsten laufen Sie Gefahr, dass nicht Sie mit der Schönheit Blicke austauschen werden, sondern die Schönheit mit der Omi. Und zwar augenrollend, was bedeuten soll: So ein unhöflicher Flegel! Dieses Phänomen nennt sich weibliche Solidarität und ist ein erhebliches Flirt-Hindernis, sobald es sich gegen Sie richtet.

Wenn Sie sich aber als wahrer Gentleman geben, werden Sie wahrscheinlich für Ihre Mühen entschädigt, denn die Omi wird sich bald ihrem Kreuzworträtsel widmen, und Sie haben freie Bahn, was die Langbeinige betrifft. Schon lässt sich eine zarte Berührung von Fuß oder Arm kaum vermeiden. Augenblicklich fliegt ein Lächeln durch die Luft. Ein Gesprächsthema ergibt sich schnell. Etwa aus einer Frage nach der mitgebrachten Lektüre – wobei Sie auch von Ihnen weniger geschätzte Literatur bewundern sollten («Oh, Sie lesen Rosamunde Pilcher, wie interessant!!») – oder dem Reiseziel, das ja vielleicht sogar ein gemeinsames ist. Im Idealfall haben Sie nun einige Stunden Zeit für Ihren Flirt. Wo gibt es das schon sonst noch?

Einziger Nachteil: Aufgrund des geringen Platzangebotes im Abteil sitzt nicht in jedem eine für einen Flirt infrage kommende Dame. Daraus ergibt sich allerdings nur: Sie müssen mehr Zug fahren, um dieses Manko auszugleichen! Ein besseres Argument für umweltfreundliche Fortbewegung gibt es nicht.

Flirt-Tipp: Meiden Sie, wenn möglich, Zugfahrten zur Rush-Hour. Gehen Sie, bevor Sie sich hinsetzen, den Zug auf der Suche nach einer besonders geeigneten Flirt-Partnerin ab.
Flirttauglichkeit Bahnabteil: sehr gut

Im Supermarkt Vor allem kurz vor Ladenschluss und speziell am Samstagnachmittag sind Supermärkte in Großstädten eine wahre Flirt-Fundgrube. Besonders Vertreterinnen der Spezies Single neigen dazu, ihre Einkäufe auf den letzten Drücker zu erledigen. Passen Sie Ihre eigene Einkaufsplanung diesen Gegebenheiten an. Achten Sie auf spärlich bestückte Einkaufswagen. Eine winzige Packung Halbfett-Margarine, zwei Tomaten, ein Mozzarella und ein halbes abgepacktes Brot, daraus lässt sich das klassische Singlefrauen-Abendessen zubereiten. Hüten Sie sich aber davor, sich Kontakt durch einen mutwillig verursachten Auffahrunfall zu versprechen. Wenn Sie der rothaarigen Sommersprossen-Queen an der Kasse den Stiletto-Absatz mit dem Einkaufswagen ruinieren, wird die eher Ihre grüne Versicherungskarte verlangen als die private Telefonnummer.

Flirt-Tipp: Halten Sie sich in Nähe des Weinregals auf. Was Ihre jahrelange Erfahrung und Ihren klimatisierten Weinkeller zu Hause betrifft, hat Sie plötzliche Amnesie befallen. Sie können (vorübergehend) Traubensaft nicht von einem Bordeaux unterscheiden. In Ihrem Einkaufswagen: ein leckerer Ziegenkäse. Warten Sie ratlos vor dem Weinregal, bis sich ein geeignetes Flirt-Objekt einfindet. Zeigen Sie der Dame den Käse und fragen Sie, ob sie dazu eine Weinempfehlung hätte. Die meisten Frauen fühlen sich geschmeichelt, wenn ein Mann ihnen in vermeintlichen Männerdomänen Kompetenz zutraut, die sie, nur nebenbei bemerkt, auch häufig haben. Ein nettes Gespräch kann sich anschließen und – vielleicht – sogar eine Einladung zum Abendessen (hier dürfen Sie die Initiative ergreifen). Vorausgesetzt, Sie werden nicht vorher vom Marktleiter mit dem Schlüssel in der Hand rausgeworfen.
Flirttauglichkeit Supermarkt: gut

Auf der Privatparty Privatpartys sind zum Flirten, so die landläufige Meinung, grundsätzlich gute Gelegenheiten. Vorausgesetzt allerdings, es handelt sich nicht um eine rein gleichgeschlechtliche Gruppe (wie den Fußballverein) oder nur Pärchen (den Fußballverein plus Spielerfrauen). Es gibt zumindest immer einen Gesprächsaufhänger: das Büfett, den Gastgeber, die Musik, die anderen Gäste … Und meistens läuft die Flirtpartnerin selbst bei ungeschickter Annäherung auch nicht sofort weg, schließlich muss sie damit rechnen, dass der Typ, der sie da gerade angräbt, ein guter Kumpel von dem Menschen ist, der sie eingeladen hat. Und den würde man ja gleich mit verprellen.

Ungünstig sind Privatpartys insofern, als man meistens unter erhöhter Beobachtung steht. Entweder von den Kumpels, die nur darauf warten, beim Bierchen nach dem Kicken nächsten Sonntag was zu fragen zu haben («Und? Hast du sie …? Du weißt schon! Hehe!!»), oder von der eigenen Freundin, die nicht in jedem Fall begeistert ist, wenn Männe in ihrer Gegenwart Material sammelt für eine soziologische Abhandlung zum Thema: «Balzverhalten des Menschenmännchens». Mit anderen Worten: Achtzig Prozent der Privatpartys scheiden nach diesen Kriterien dann doch wieder aus.

Die beste Gelegenheit zum Flirten bieten darum Feten, bei denen die Schar der Gäste nicht deckungsgleich mit dem Freundeskreis des flirtbereiten Gastes ist, keine momentane Lebenspartnerin die Stimmung trübt und sich außerdem genügend weibliche Gäste einfinden. Auch gut, wenn der Gastgeber seine Besucher kennt und eine erste individuelle Vorstellung der Anwesenden übernehmen kann («Das ist Lutz, er sammelt handgeklöppelte grönländische Walfängermützen, genau wie du, Artemisia. Ist das nicht ein wunderbarer Zufall?»)

Flirt-Tipp: Bitten Sie den Gastgeber, Ihnen bestimmte weibliche Gäste vorzustellen, die Sie aufgrund optischer Kriterien vorausgewählt haben. Und wenn Sie von einer attraktiven Dame gefragt werden, wo der Wein steht, antworten Sie bitte nicht: «Auf dem Balkon.» Dann ist die Weintrinkerin nämlich weg. Bieten Sie sich an, das Getränk für sie zu holen. Für die Zeit, die es dauert, das Glas zu leeren, gehört die Kleine Ihnen.
Flirttauglichkeit Privatparty: befriedigend

Am Arbeitsplatz, in Uni und Schule Hier wird am meisten geflirtet. Nicht, weil das hier besonders gut geht, sondern, weil man sich in der Regel hier am häufigsten aufhält. Nun ja, zumindest aufhalten sollte. Vorteilhaft an einem Flirt an diesen Orten ist: Das Gesprächsthema steht von vornherein fest, nach Gemeinsamkeiten muss nicht zwanghaft gesucht werden. Der Nachteil ist der gleiche wie bei vielen Privatpartys: Man wird observiert. Außerdem kennen Sie die meisten der Beobachter und sehen sie gezwungenermaßen regelmäßig und oft noch jahrelang täglich. Das heißt: Bekommen Sie einen Korb, wird das nicht unkommentiert bleiben. Flirten Sie erfolgreich, gilt: Sie werden neugierige Fragen befriedigen müssen. Stellen Sie sich dumm an, kriegen Sie später Ratschläge, die Sie nicht wollen. Flirten Sie und die

Arbeit bleibt deswegen liegen, bekommen Sie einen Anschiss. Und wenn Sie selbst einen Rückzieher machen, müssen Sie das bei Kolleginnen, Kommilitoninnen oder Mitschülerinnen ausgesprochen vorsichtig tun, wenn demnächst nicht jeder Tag zum Spießrutenlauf werden soll. Je kleiner die Firma, Schule oder Uni, umso schlimmer ist das.

Flirt-Tipp: Es wird besonders viel geredet, wenn Sie nur ausnahmsweise mal flirten. Wenn ein eiserner Nichtflirter plötzlich Blicke wirft, heißt es gleich: «Oh, là là.» Je regelmäßiger Sie darum üben und darüber Ihre Pflichten als Arbeitnehmer / Schüler / Student nicht vernachlässigen, umso mehr relativiert sich das Ganze. Sie erwerben nach und nach einen Ruf als Charmeur – und keiner achtet mehr auf Fehlschläge. Einziger Nachteil: Die angeflirteten Damen werden auch ein wenig resistenter gegenüber Ihren Herzensbrecher-Qualitäten. Aber es gibt ja noch andere Flirt-Reviere.
Flirttauglichkeit Arbeitsplatz, Uni, Schule: gut bis befriedigend

Im Fitness-Center Fitness-Center gelten als Kontakthöfe der Großstadt-Singles. Und wenn man nicht unbedingt die Frau fürs Leben sucht, sondern einfach nur einen angenehmen Flirt, stimmt das in der Tat. Natürlich, es wird auch vorkommen, dass die eine oder andere in beinahe meditativem Zustand die Beinpresse bearbeitet und sich komplett auf ihren Muskel konzentriert. Das wird ja auch von Sportwissenschaftlern empfohlen. In der Mehrzahl sind diese Damen zum Glück nicht. Frauen, die im Fitness-Club ihren Körper in Top-Form bringen (wollen), haben es gern, wenn sie bewundert werden. Besonders flirtbereite Frauen erkennen Sie am perfekten Make up und einem sorgfältig ausgewählten Sport Outfit. Denn Mädels, die sich vor dem Schwitzen stylen wie für ein Date, möchten nicht nur was für ihren Körper tun. Geben Sie diesen Ladys die Bewunderung, die sie haben wollen – und holen Sie sich Ihre eigene ab. Natürlich kann es sein, dass die Aufgerüschte es in erster Linie auf den schönen, mit einem Six-Pack gesegneten Stepp-Aerobic-Trainer abgesehen hat. Da solche Trainer aber in geschätzten siebzig Prozent der Fälle ohnehin kein Interesse für das andere Geschlecht aufbringen, sollte Sie das nicht beunruhigen. Spenden Sie hier vielmehr Trost. Die Kleine mit der Beinpressen-Meditation und all die Damen mit T-Shirt und Turnschuhen noch aus dem Schulsport brauchen Sie bei Ihren Flirt-Aktionen übrigens auch nicht auszusparen. Nur, weil nicht unmittelbar erkennbar ist, dass die auf einen Flirt aus sind, heißt das nicht, dass sie sich nicht über männliche Anerkennung freuen. Ein Gespräch an der Vitamindrink-Bar, eine unaufdringliche Frage von Matte zu Matte beim Bauchtraining («Kannst du mal gucken, ob ich das richtig mache?») – es gibt viele Möglichkeiten. Und falls es wider Erwarten doch nix gibt mit dem Fitness-Flirt, halb so schlimm, dann trainieren Sie eben ein bisschen, damit Sie bald dem Six-Pack-Trainer Konkurrenz machen können. Denn, wie sagte noch ein berühmter Sportler? Nach dem Flirt ist vor dem Flirt. Oder so ähnlich.

Flirt-Tipp: Meiden Sie die Vormittagsstunden, wenn Sie neben dem Training mit Singlefrauen flirten wollen. Zwar bevölkern vor zwölf eine Menge Frauen das Studio, allerdings in der Mehrzahl vom Typus «Hausfrau, Ehefrau und Mutter» – schließlich ist vormittags der Nachwuchs in Schule und Kindergarten und der Gatte «auf Arbeit». Andererseits freuen sich gerade diese Damen manchmal besonders über einen Flirt.
Flirttauglichkeit: sehr gut

Am Strand Sommer, Sonne, Meer. Mit anderen Worten: Urlaub. Urlaubszeit ist Flirtzeit. Jeder weiß das, darum hat der Flirtwillige hier grundsätzlich leichtes Spiel. Hinzu kommt, dass Sicht- und Hörkontakt fast immer gut möglich sind – wenn Sie nicht gerade auf Ibiza oder ähnlichen Partyinseln Urlaub machen, wo fast jeder Strand bereits vormittags beschallt und betanzt wird (Nachteile: siehe «Der Club») Auch werden am Strand körperliche Mängel wie Bierbauch, ungepflegte Füße, Pickel und/oder Haare auf dem Rücken deutlich sichtbar. Kein raffiniert geschnittener Anzug verdeckt die kleinen Makel – so etwas kann manche Frau abschrecken. Faustregel: Je mehr sie selbst optisch zu bieten hat und je jünger sie ist, umso mehr wird sie vermutlich auch bei Ihnen auf Äußerlichkeiten achten. Darum empfiehlt es sich, zeitig vor den Strandferien etwas für sein Äußeres zu tun. Schieben Sie den Gang zum Hautarzt also nicht länger auf. Danach heißt es: Ab ins Fitness-Center, das hat schließlich noch weitere Vorteile (siehe dort).

Wunderbar, wenn Sie schon vor dem Urlaub eine Beach-Sportart üben. Viele Universitäten bieten Sport-Kurse, etwa in Beach-Volleyball, Beach-Soccer oder Segeln – auch für Externe. Vorteil eins: Auch hier darf schon geflirtet werden. Vorteil zwei: Sie bräunen schonend ein wenig vor. Denn nichts sieht lächerlicher aus als

Männer, die im Laufe eines Strandtages die Farbe von Kalkweiß zu Krebsrot wechseln, weil sie keinen Sonnenschutz benutzen. Apropos: Sparen Sie nicht an Sonnencreme. Am Strand halten Sie dann Ausschau nach Mädels, deren Haut sich schon ein wenig rötet, weisen sie fürsorglich darauf hin und kredenzen sogleich großzügig von Ihrem Sonnenschutz. Vielleicht dürfen Sie sie ja sogar eincremen. Auch gut: Sie nehmen einen Sonnenschirm mit. Im Schatten darunter ist ja meist für zwei Platz. Für Sie und – na, mal sehen.

Flirt-Tipp: An vielen Urlaubsorten gibt es jeweils Strände, die eher von Familien, Pärchen oder aber – hier wird es interessant – partybereiten Singles bevorzugt werden. Erkundigen Sie sich vorher im Hotel oder besorgen Sie sich einen Szene-Reiseführer. Falls Ihnen niemand Auskunft erteilen kann, halten Sie Ausschau nach Fun-Sportarten wie Wind- bzw. Bodyboard-Surfing oder Beach-Volleyball. Erstens finden Sie hier garantiert die offensten Leute – und Sie bekommen sofort Kontakt, wenn Sie nur mitmachen.
Flirttauglichkeit: gut bis ausreichend (je nach Konstitution)

In der Bar Wenn es einem Mann schlecht geht, so das Klischee, geht er in die Bar oder Kneipe seines Vertrauens und bestellt erst mal einen Whisky. Doppelt. Ohne Eis. Wenig später wendet er den Kopf, und was sehen seine vor Gram getrübten Augen? Eine Lady, schön wie der Morgentau …

Stopp! Hier sind mehrere Fehler versteckt. Erstens bestellen viele Männer den Whisky nicht ohne, sondern (aus Unwissenheit?) mit Eis. Zweitens ist oft nicht das alkoholische Getränk doppelt, sondern die Frau. Und das liegt nicht am Whisky.

Wenn Frauen eine Bar aufsuchen, werden sie nämlich selten ohne die Verstärkung einer Freundin auflaufen. Frauen wissen: Damen, die allein eine Bar besuchen, geraten schnell in den Verdacht, krampfhaft auf Männerbekanntschaft aus zu sein. Diesen Mutmaßungen mag sich keine aussetzen. Morgentau-Ladys ohne Anhang finden Sie darum eher als einzige Frau unter lauter Kerlen in der Sauna als in einer Bar.

Natürlich dürfen Sie auch mit der Weiblichkeit im Freundinnen-Doppelpack flirten, das erfordert aber viel Fingerspitzengefühl, um nicht das empfindliche Gleichgewicht im Freundinnen-Gespann zu stören, und dazu benötigen Sie einige

Flirt-Übung. Nichts für Anfänger! Wahrscheinlich werden sich auch die Damen ihrerseits in Zurückhaltung üben, um die Begleiterin nicht zu verärgern.

Damen-Dreiergrüppchen sind übrigens schon besser – vorausgesetzt, Sie werden vor lauter Gekicher überhaupt wahrgenommen. Summa summarum: Es gibt bessere Orte zum Flirten als die Bar.

Flirt-Tipp: Wenn es unbedingt eine Bar sein soll, suchen Sie sich eine mit angegliedertem Café. Frauen fühlen sich, verschanzt hinter einem Tisch und einer großen Schale Milchkaffee, sicherer und über jeden Zweifel erhaben – und reagieren deswegen eher auf Ihre Blicke. Vorausgesetzt natürlich, sie schauen überhaupt von ihrem mitgebrachten Roman auf.
Flirttauglichkeit: mangelhaft

Auf Flirt-Partys Früher hießen Flirt-Partys «Ball der einsamen Herzen», «Tanztee» oder «Ball verkehrt». Heute tragen Sie Namen wie «Herz beißt Haifisch» oder «SMS-Party». Ihnen allen gemein ist ein Merkmal: Der Hauptgrund, warum Menschen hier hingehen, ist es zu flirten. Viele hoffen sogar, bei dieser Gelegenheit einen neuen Partner kennen zu lernen.

Das hat für den flirtfreudigen Mann einen entscheidenden Vorteil: Die Wahrscheinlichkeit, eine Abfuhr zu bekommen, ist sehr gering, erwarten die Anwesenden doch, dass sie umgarnt, angelächelt, zu Drinks eingeladen, eben irgendwie angesprochen werden. In einem derartigen Umfeld funktionieren sogar ungeschickte Anmachen, denn als fatal und ein Zeugnis eigener Unattraktivität gilt es, hier alleine zu bleiben. Flirt-Forscher nennen Situationen wie jene auf diesen Partys darum «risikoarm».

Betrachten Sie Flirt-Partys als Spaß und erwarten Sie nicht, dass Sie hier ausschließlich Models finden (wie die Plakate für diese Events manchmal glauben machen wollen). Die Wahrscheinlichkeit, hier in der Mehrzahl auf durchschnittliche Durchschnittsfrauen treffen, ist außerordentlich hoch. Doch auch die können ja sehr nett sein.

Flirt-Tipp: Sind Sie noch unsicher im Flirten, können Sie hier sehr gut Ihr Selbstwertgefühl stärken. Einziger Nachteil: Was hier klappt, muss in anderem Umfeld noch lange nicht funktionieren. Das führt mitunter zu falschen Erwartungen.
Flirttauglichkeit: sehr gut (bei heruntergeschraubten Ansprüchen)

Flirten im Vorbeigehen – Flirt-Quickies

Flirt-Quickies sind Gelegenheiten für den flotten Flirt zwischendurch. Der geht meistens nicht über ein paar vielsagende Blicke hinaus. Spaß macht er trotzdem – und manchmal wird ja doch noch mehr draus.

An der Ampel Sie stehen im Stau oder an der Ampel, schwitzen und sind genervt, als plötzlich links neben Ihnen ein gelber Kleinwagen hält. Am Steuer: die Frau Ihrer feuchten Träume, nun ja, soweit Sie das erkennen können. Und, Ihr Glück ist nicht zu fassen, Sie guckt rüber. Und, Himmel, sie lächelt! Ein paar Schmetterlinge flattern durch Ihren Bauch, und Ihre Phantasie rast zum nächsten Parkplatz, wo Sie sich die Hübsche sogleich vorstellen, wie Gott sie schuf. So weit kommt es freilich in den seltensten Fällen. Auch nicht, wenn Sie die vor ein paar Jahren von einem findigen Geschäftsmann erfundene «Flirt-Kelle» benutzen, ein Gerät wie eine Polizeikelle, das Sie hochhalten können und das wahlweise mit einer Tasse Kaffee oder einem Herz bemalt oder einer Telefonnummer beschriftet war. Bevor Sie jetzt losbasteln: Frauen reagieren auf so etwas entweder gar nicht oder allergisch, sieht die Sache doch allzu sehr nach «Allzeit bereit» aus. Denn auch eine Ampelfrau will sich einzigartig fühlen. Aus dem gleichen Grund haben sich grundsätzlich interessante Flirt-Ideen wie «Das Nummernschild als E-Mail-Adresse» oder Aufkleber im Seitenfenster mit der Nummer einer Flirt-Hotline, bei der man über die Autonummer der Fahrerin eine Botschaft zukommen lassen konnte, nicht durchgesetzt. Sparen Sie es sich außerdem, einen Unfall zu erfinden, um beim Straßenverkehrsamt unter Angabe des Nummernschildes Näheres über die Dame herauszukriegen. Das macht Letzterer nur Ärger und Sie bestimmt nicht zu deren Traummann. Ergo: Genießen Sie darum besser ganz einfach das flüchtige Glück.

Flirt-Tipp: Wenn Sie überzeugt sind, da drüben sitze die Frau Ihres Lebens: Ein dicker Filzstift und Block auf dem Beifahrersitz, auf den Sie groß Ihre E-Mail-Adresse malen, tun bessere Dienste als vorgefertigte Kellen. Sieht spontaner aus. Sie können so einen Zettel auch vorbereiten, in diesem Fall tun Sie kurz so, als schrieben Sie etwas. Und dann hoffen Sie, a) dass die Ampel noch nicht grün und die Frau weg ist, wenn Sie den Zettel hochhalten, b) dass sie sich meldet.

Auf der Straße Das schwierigste Terrain. Für einen flüchtigen Blick, für ein Lächeln reicht es zwar, dann sind beide Flirt-Partner bereits ihrer Wege gegangen. Auf der Straße, das ist ein ungeschriebenes Gesetz, lernt man sich (eigentlich) nicht kennen. Vielleicht ist das noch ein Überbleibsel aus der Zeit, als Raubritter noch Helden waren und die Fräulein sich nur aus ihrer schützenden Burg und damit in den Einzugsbereich hinterhältiger Wegelagerer gewagt haben, wenn Ihnen gar nichts anderes übrig blieb. Im Krieg etwa oder bei einem Waldbrand. Auch heute noch werden Frauen auf der Straße eher von Spendensammlern oder Fernsehteams angesprochen als von Männern, die die Damen im weitesten Sinne als flirttauglich ansehen würden.

Falls Sie mehr als einen halbsekündigen Augenflirt wollen, agieren Sie hier entweder schnell oder gar nicht. Der riesige Vorteil: Sie haben nichts zu verlieren.

Flirt-Tipp: Zwei Don'ts vorab: Nähern Sie sich nie von hinten, das würde die Frau erschrecken! Und pfeifen Sie ihr nie hinterher – oder haben Sie je gesehen, dass ein Mädchen einem Bauarbeiter nach diesem Bewunderungs-Signal um den Hals gefallen ist? Außerdem sollten Sie nur aktiv werden, wenn sie Ihnen bereits ein Sympathie-Zeichen geschickt hat, mindestens einen längeren Blick, besser ein Lächeln. Und dann seien Sie ganz einfach ehrlich: «Ich hätte es mir nie verziehen, Sie jetzt nicht angesprochen zu haben. Darf ich Sie auf einen Kaffee einladen?» Sicher, sie könnte ablehnen. Aber sie könnte auch ja sagen. Die Chancen stehen 50:50.

Im Fadenkreuz – die Zielobjektanalyse

Wenn Sie eine Frau sehen, mit der Sie gerne flirten möchten, lohnt es sich mitunter, eine erste optische Analyse durchzuführen. Diese ist selbstverständlich absolut oberflächlich. Wie die Frau *wirklich* ist, lässt sich auf diese Weise nicht feststellen. Aber schon einiges darüber, wie sie *wirken* will bzw. ob sie bewusst darauf verzichtet, gezielt irgendwie zu wirken. Frisuren, Kleidung und Schminke sind nur selten Zufall.

Darum lassen sich durch frühzeitige Analyse des Zielobjekts manche Fehler vermeiden und Flirt-Chancen bzw. -Risiken grob einkreisen.

Was die Haare über eine Frau verraten

Haar offen Nicht so sehr die Haarfarbe, sondern wie eine Frau das Haar trägt, ist verräterisch. Frauen, die ihr langes Haar offen tragen, haben sich meistens bewusst so gestylt. Die daraus sich ergebenden Nervereien (Strähnen bleiben in der Stuhllehne hängen, der Wind zaust, Haare fallen ins Essen, sie sieht nichts et cetera) nehmen sie in Kauf, weil sie schön aussehen und für ihr Haar und den ganzen Rest bewundert werden wollen – das würden die Damen übrigens nicht unbedingt freimütig zugeben.

Das erwartet Sie wahrscheinlich: Die Flirt-Chancen stehen bei den «Offenen» meist gut. Und bestimmte Flirt-Signale werden mit offenem Haar auch erst möglich – dazu später mehr.

Pferdeschwänze und **Zöpfe** und **Dutts** bedeuten im Umkehrschluss nicht zwingend, dass die Frau vor Ihnen eine von der zugeknöpften Sorte ist. Es kann erstens sein, dass sie gerade von der Arbeit kommt oder zum Sport will. Oder sie hat sich einfach nicht so viele Gedanken darüber gemacht, wie sie jetzt wirken möchte. Oder sie hat dünne Haare, die offen doof aussehen. Oder sie hat es morgens nicht geschafft, die Fusseln noch zu waschen. Oder, oder, oder …

Das erwartet Sie wahrscheinlich: Eine Prognose ist schwierig, weil Frauen Hochsteck- und Haargummifrisuren oft dann wählen, wenn es schnell gehen muss. Hier ist flirttechnisch alles möglich. Und nichts. Ausnahme: Sie hat die Haare zunächst hoch gesteckt oder zusammengebunden und öffnet sie während eines Blickkontaktes mit Ihnen oder danach. Enormes Flirt-Potenzial!

Kurzhaarfrisuren bedeuten nicht – wie manche Herren immer noch annehmen –, dass eine so genannte «Emanze» vor ihnen steht, die Männer hasst. Oft sind Kurzhaarfrauen aber selbstbewusst, und es ist Ihnen egal, dass die Mehrzahl der Männer lange Haare toll findet. In jedem Fall hat sie keinen Bock, der Schönheit und der Männer wegen nach dem Schwimmen ewig lange Haarkuren einwirken zu lassen, herumzuföhnen, später in Stuhllehnen hängen zu bleiben, nichts zu sehen, Haare im Essen zu haben etc. Manchmal hat eine Kurzhaarfrau aber nur eine missglückte Blondierung hinter sich und hat die Haare ruiniert, sodass nur noch die Möglichkeit «Schere» blieb.

Das erwartet Sie wahrscheinlich: Mit «Baby, bist du öfter hier» erwartet Sie vermutlich höchstens eine hochgezogene Augenbraue (Ausnahme: Sie kriegen einen eindeutig ironischen Tonfall hin). Bereiten Sie sich darauf vor, mit Intelligenz zu beeindrucken. Auch dazu lesen Sie später mehr.

Die Halblangen und Wuschelköpfe sind kompromissbereit und unentschlossen wie ihre Frisur. Einerseits haben sie die Langhaar-Nerverei satt, andererseits machen sie sich Sorgen, dass eine superpraktische Kurzhaarfrisur ihnen etwas von ihrer weiblichen Ausstrahlung nehmen könnte. Das befürchten sie zwar auch bei der halblangen Frisur, trösten sich aber mit dem Gedanken: Geht gerade noch so und ist immerhin praktischer als der Rapunzellook (den sie früher meistens hatten und dem sie noch hinterhertrauern).

Das erwartet Sie wahrscheinlich: Eine Halblange können Sie im Laufe des Gesprächs mit einem Kompliment über die Frisur richtig glücklich machen. Sagen Sie, dass die Frisur ihr Gesicht wunderbar betont. Dann wird sie Ihnen vielleicht erzählen, dass sie früher irre lange Haare hatte und lange gezögert hat, bevor sie sich zur aktuellen Frisur entschloss, oder dass sie ihre Haare gerade wieder wachsen lässt, aber noch nicht so genau weiß, ob sie sie nicht doch wieder abschneiden lassen soll oder … Und schon sind Sie beide mitten im Gespräch.

Spezialfrisuren wie **Rastazöpfe, Dreadlocks** oder **Irokesenschnitte** können heute immer noch Zeichen einer bestimmten Interessenlage zugunsten bestimmter Musikrichtungen, politischer Strömungen oder Rauchwaren sein. Müssen sie aber nicht. Es kann sich genauso gut um ein rein modisches Gimmick handeln. Je jünger die Trägerin, umso wahrscheinlicher ist Letzteres. Aber das können Sie im Voraus nicht wissen. Die Wahrscheinlichkeit ist in jedem Fall groß, dass Sie eine Individualistin vor sich haben, die keine Lust hat, die Erwartungen anderer immer zu erfüllen. Auch nicht die Ihren.

Das erwartet Sie wahrscheinlich: Machen Sie hier keinesfalls Bemerkungen – auch keine Komplimente! – über die ins Auge springende Haartracht. Dazu sind Sie nicht befugt, es sei denn, Sie haben Ähnliches auf dem Kopf. Stellen Sie auch keine dummen Fragen (z. B. in Bezug auf Dreads ganz übel: «Wie wäscht man denn so was?») wenn Sie nicht als hoffnungslos gestrig kategorisiert werden wollen. Je verschiedener Ihr eigenes Outfit von dem der Spezialfrisurenfrau, umso zurückhaltender sollte Ihr Flirtversuch sein.

Die Haarfarbe schließlich sagt dann etwas aus, wenn es sich um eine besondere Färbung handelt. Achtung, dazu zählt heute nicht mal mehr Ketchuprot. Irgendwann war das sicher mal shocking, aber inzwischen kann selbst eine biedere Finanzbeamte mit Vorliebe für Volksmusik und Gelsenkirchener Barock mit tomatenrotem Gestrüpp auf dem Schädel die Umsatzsteuererklärungen bearbeiten, obwohl sie sich früher nicht mal getraut hätte, sich Strähnchen machen zu lassen. Auch platinblonde oder gar gelbe Haare sind kein Indiz für besonders mutige oder eigenwillige

Damen mehr. Interessant wird es bei Farben wie Rosa, Grün oder Blau. Alle Farben eben, die satt von jedem Naturton abweichen und vor allem auch gerade nicht durch irgendeinen Film schwer angesagt sind.

Das erwartet Sie wahrscheinlich: Im Prinzip gilt das Gleiche wie bei den Spezialfrisuren: Hier färbt eine Individualistin. Ein langsames Vorgehen ist angesagt. Und bloß keine flapsigen Sprüche à la: «Sieht aus wie der Kunstrasen bei meinem Opa auf'm Balkon.»

Was die Kleidung über eine Frau verrät

Die wenigsten Frauen denken nicht über ihre Kleidung nach. Und wenn sie es tatsächlich nicht tun, können Sie das ebenso deuten.

Die Klassische Sie trägt zum Beispiel Bluse und Rock, Seidentüchlein und Blazer, Kostüm oder Hemdblusenkleid. Frauen, die auch in der Freizeit solche Kleidung wählen, schätzen die Sicherheit, die ihnen dieser Look verleiht. Denn konservative Kleidung ist wie eine Uniform. Sie verändert sich kaum und wird allenfalls in Details beeinflusst von irgendwelchen modischen Strömungen. Konservative Kleidung macht unangreifbar und bietet klare Orientierung. Nicht nur im Kleiderschrank. Frauen, die privat klassische Garderobe mögen, sind oft nicht unbedingt experimentierfreudig, dafür anspruchsvoll und setzen auf Qualität statt Quantität. Und auf Tradition.

Fazit: Hier erwartet Sie vermutlich freundliche Zurückhaltung. Egal was passiert, Sie sollten unter allen Umständen höflich sein. Bieten Sie Ihren Sitzplatz an, wenn sonst keiner frei ist. Haben Sie Feuer parat, sobald die Dame nur in der edlen Ledertasche kramt. Achtung: Dabei nicht hektisch werden wie ein beflissener Hausangestellter. Dann verliert sie den Respekt. Bei konservativ gekleideten Frauen dürfen Sie sich auch überlegen, ob Sie ihr einen Drink spendieren (was bei allen anderen

Frauen heutzutage mit Vorsicht zu genießen ist). Sie erwarten zwar nicht unbedingt, dass der Mann zahlt – aber mögen es, wenn er es anbietet. Achtung: Immer vorher fragen, was sie trinken will. Bestellen Sie beim Kellner «Das Gleiche für die Dame» – ist die Dame weg.

Die Mainstream-Modische Um herauszufinden, was im Augenblick in einschlägigen Modehäusern verkauft wird, werfen Sie mal gegen Nachmittag einen Blick in die Fußgängerzone Ihres Heimatortes. Was dort etwa achtzig Prozent der Damenwelt trägt, ist im Moment «in». Das können Hosen mit oder ohne Schlag sein, um Kopf oder Oberschenkel getragene Nietengürtel, Turnschuhe mit fünf oder keinem Streifen, was auch immer. Sie werden es erkennen. Frauen, die sich modisch kleiden, ohne Trends zu setzen, wollen gefallen ohne aufzufallen und keine Angriffsfläche bieten. Sie tragen, was gerade alle tragen, auch wenn ihnen das unter Umständen absolut nicht steht (das ist übrigens mit dem Begriff «Fashion Victim» gemeint). Das spricht für Unsicherheit und manchmal sogar Schüchternheit. Je jünger die Frau, umso eher trifft das zu.

Sie könnte allerdings auch zu der Sorte Frauen gehören, die sich nicht viel aus Klamotten macht und das kauft, was gerade im Angebot ist. Und das ist ja meistens die Mainstream-Mode. So unkompliziert diese Frauen einkaufen, so unkompliziert sind sie meist im Umgang.

Fazit: Sie dürfen sich entspannen. Eine Mainstream-Modische wird Ihren Annäherungsversuchen, auch wenn sie vielleicht ungeschickt ausfallen, vermutlich nicht sonderlich kritisch gegenüberstehen. Sie freut sich einfach, wenn sie Ihnen gefällt – unter anderem sieht sie das als Bestätigung, dass man nicht viel Geld ausgeben muss, um gut auszusehen.

Die graue Maus Die graue Maus erkennen Sie daran, dass Sie sie nicht erkennen. Oder besser: Sie übersehen sie. Zunächst zumindest. Graue Mäuse tragen oft zusammen gewürfelte Kleidung, die vor zehn Jahren oder früher mal modern war. Oder nie. Wenn sie auffallen, dann durch seltsame Farben und Muster, die Farbenblindheit oder zumindest tief greifende stilistische Unsicherheit signalisieren. Sie sind entweder ungeschminkt oder tragen lediglich Lippenstift (den aber knallig) und haben oft komische Brillen auf der Nase. Graue Mäuse sind unerfahren, was das Ausgehen im Allgemeinen und das Flirten im Besonderen angeht. Sie haben ihr Leben oft etwas Höherem gewidmet, der Wissenschaft zum Beispiel oder einem sozialen Zweck. In den Kreisen, in denen sie sich bewegen, ist es vielleicht verpönt oder unangebracht, sich zu sehr um sein Äußeres zu kümmern. Behinderte Kinder oder pflegebedürftige alte Menschen betreut man eben nicht auf High Heels und im Designer-Fähnchen (was übrigens nicht heißen soll, dass alle Frauen in Sozialberufen in ihrer Freizeit graue Mäuse sind). Graue Mäuse sind die klassischen Kandidatinnen für die Vorher-Nachher-Stilberatungen mancher Frauenzeitschriften, und oft verbirgt sich unter einer unscheinbaren Oberfläche ein funkelnder Kern. Versuchen Sie, ihn zu erkennen.

Fazit: Bei diesen Frauen lohnt es sich, genau hinzuschauen. Sie sind äußerst dankbar, wenn jemand Kontakt mit ihnen aufnimmt, aber reagieren dennoch manchmal barsch, wenn sie angesprochen werden. Lassen Sie sich nicht abschrecken. Dieser Widerspruch ist nur ein scheinbarer und rührt von der Unsicherheit der Damen her. Ganz wichtig: Sagen Sie niemals etwas über ihr Äußeres, nur um ihr zu schmeicheln, ohne das Gesagte wirklich so zu empfinden. Die grauen Mäuse fürchten schnell, verspottet zu werden, weil sie sich sehr wohl bewusst sind, dass sie nicht unbedingt der Typ sind, der Männern sofort auffällt.

Die Trendsetterin Die Trendsetterin fällt auf. Sie trägt Sachen, die erst in drei Jahren (oder nie) Mode sein werden. Wenn Sie eine Frau sichten, die etwas trägt, was Sie nicht einordnen können, was Sie aber noch am ehesten an die Bilder erinnert, die Sie schon einmal von den Modenschauen in Paris oder Mailand gesehen haben, ist es wahrscheinlich, dass Sie eine Trendsetterin vor sich haben. Sie ist kein Fashion-Victim, denn sie läuft keinem Trend hinterher, sie macht ihn selber (oft sind die Trendsetterinnen tatsächlich Schneiderinnen oder Modestudentinnen). Trendsetterinnen sind selbstbewusst, denn sie wissen, dass das, was sie tragen, nicht überall auf Gegenliebe stößt. Und das ist ihnen total egal.

Fazit: Tun Sie jetzt bloß nicht trendy, wenn Sie es nicht sind. Das fliegt sofort auf. Und sagen Sie keinesfalls, dass Ihnen das, was sie trägt, nicht gefällt. Das ist ihr ohnehin schnuppe. Loben Sie stattdessen das Styling und geben Sie zu, dass Sie keine Ahnung von gar nichts haben. Fragen Sie, ob sie die Klamotten selber gemacht hat. Auch wenn nicht: Das wird ihr schmeicheln.

Die Sportliche (Abteilung Vereinsmeierei) Die Vereinssportlerin macht nicht nur tatsächlich Sport, sondern sie liebt auch funktionale Kleidung. Wie die aussieht, ist zwar nicht egal, aber zweitrangig. Häufig sieht man bei der Sportlichen Turnschuhe zu Jeans und Sweat- bzw. T-Shirt. Sich aufzudonnern lehnt die Vereinssportlerin sowohl im Alltag als auch zum Ausgehen ab. Wobei «aufdonnern» für sie manchmal schon damit anfängt, einen Rock anzuziehen. Schließlich kann man damit nicht so gut Fahrrad fahren. Die Vereinssportlerin ist häufig mit Nylon-Rucksack unterwegs, und bei Regen hat sie statt eines Schirms über dem Kopf eine Regenjacke einer einschlägigen Sportfirma an, weil man auch damit besser Rad fahren kann.

Das erwartet Sie vermutlich: Die Vereinssportlerin ist unkompliziert. Es gibt jedoch ein Problem: Sie fühlt sich in Gegenwart nicht ganz so sportlich gekleideter Männer schnell unsicher. Wenn Sie sich für eine Vereinssport-Anhängerin interessieren und sich neben ihr irgendwie overdressed vorkommen, weisen Sie einfach darauf hin, dass Sie gerade auch – wie die Dame – viel lieber etwas Bequemeres tragen würden, aber aus geschäftlichen oder sonstigen Gründen zum feinen Zwirn gezwungen waren. Sie wird sich gleich mit Ihnen solidarisch fühlen.

Die Sportliche (Abteilung Trendsport) Im Gegensatz zu den Vereinssportlerinnen und vielen Männern finden viele Frauen (nicht alle!), die im Look gerade aktueller Trend-Sportarten herumlaufen, den Sport selbst und damit die Funktionalität der Klamotten eher unwichtig. Hauptsache, was sie anhat, sieht gut aus, wirkt lässig und cool, ist von den zurzeit angesagten Marken und passt zur neuesten Snowboarding-Sonnenbrille. Turnschuhe an den Füßen sind ein Muss, aber welche erlaubt sind, wechselt wöchentlich. Die Trendsportliche sieht immer so aus, als sei sie gerade zur Ski-Piste (Winter) bzw. zum Surfstrand (Sommer) unterwegs, ist aber nicht nur dort, sondern eigentlich noch häufiger in Großstädten anzutreffen. Dabei hat sie oft Musik auf den Ohren. Die Trend-Sportliche ist fast immer sehr jung.

Das erwartet Sie vermutlich: Wenn Sie eine Trend-Sportart machen, sind Sie für die Trend-Sportliche der King wie für das Rockstar-Groupie der Rockstar. Ansonsten haben Sie wenig Chancen, wenn Sie nicht irgendwie, nun ja, cool aussehen. Cool heißt aber zum Glück nicht, dass Sie nun unbedingt das Gleiche in Grün anhaben müssen wie die Lady selbst. Seien Sie einfach selbstbewusst. Dann wirken auch Ihr Nadelstreifenanzug oder die Normalo-Jeans gleich viel cooler.

Ein letzter Blick auf die Details

Das Make-up Frauen schminken sich, um zu gefallen. Sich selbst, anderen Frauen und, ja, auch Männern. Außerdem haben sie sich daran gewöhnt, Wimpern zu tuschen, Lippenstift aufzumalen und Kajal zu benutzen. Viele Damen würden genauso wenig mit «nacktem» Gesicht zum Bäcker um die Ecke gehen, wie sie oben ohne vor die Tür gehen würden. Und das auch, wenn die betreffende Frau ungeschminkt durchaus ansehnlich wäre. Ziehen Sie darum bitte keine falschen Schlüsse, wenn Sie einer Ihrer Ansicht nach zu stark geschminkten Frau begegnen. Oft deutet das lediglich auf Unsicherheit hin. Und junge Mädchen schminken sich meist mit Enthusiasmus, fasziniert davon, wie dramatisches Augen-Make-up ihre Ausstrahlung verändert.

Dennoch gibt es Faustregeln: Ungeschminkte oder sehr unauffällig «bemalte» Frauen legen es nicht unbedingt darauf an zu flirten. Hier müssen Sie schon ein wenig Ihren Charme spielen lassen, um die Betreffende aus der Reserve zu locken. Aber achten Sie auf den Lippenstift! Der Lippenstift ist nämlich der Part des Make-ups, der am wenigsten haltbar ist. Frauen, die dennoch stets perfekt geschminkte Lippen haben, legen häufiger nach, um für alle Eventualitäten («Vielleicht begegnet mir ja ausgerechnet heute in der Mittagspause der Mann meines Lebens.») gerüstet zu sein. Perfekte Lippenstift-Frauen sind meist flirtbereit.

Der Nagellack Lange, lackierte Fingernägel haben Signalwirkung. Frauen wissen das. Was viele Frauen nicht wissen: Die Signalwirkung auf Männer ist oft eine negative. Eine große Zahl der Jungs hasst lange, lackierte Fingernägel. Sollten Sie dazu gehören, werden Sie hier von einem Flirt vielleicht ohnehin absehen. Obwohl die Nagelstudio-Kundinnen meist dankbare Flirt-Kandidatinnen sind. So aufwändig es ist, lackierte Fingernägel zu pflegen, so gerne möchten die Damen für ihr Äußeres bewundert werden, und da kommt ihnen ein Flirt gerade recht. Überlegen Sie also noch mal, bevor Sie Ihren Blick abwenden.

Das Alter der Frau Grundsätzlich können und sollten Sie – schon aus Gründen der Übung – mit Frauen jeder Altersklasse flirten.

Es gibt aber eine Faustregel: Je älter die Frau, umso zurückhaltender seien Sie bitte mit Übertreibungen. Ansonsten riskieren Sie, sofort durchschaut zu werden. Wenn Sie noch sehr jung sind und das Gefühl haben, noch nicht viel Lebenserfahrung gesammelt zu haben, versuchen Sie das bei einer Frau ab Mitte Zwanzig bitte nicht durch bunte Schilderungen Ihrer ehrgeizigen Pläne auszugleichen («Ich möchte nach meinem BWL-Studium, das ich im nächsten Sommer anfangen werde, mit meinem besten Kumpel einen multinationalen Konzern aufbauen, die Welt umsegeln und mir eine Villa in Monaco kaufen.») Sie können davon ausgehen, dass die Schöne so etwas allenfalls niedlich finden wird, schlimmstenfalls pubertär. Bescheidenheit ist angesagt. Bereiten Sie sich lieber darauf vor, über neutrale Themen zu sprechen, und geben Sie lieber offen zu, dass Sie in manchen Bereichen (Beruf, Frauen) einfach noch nicht so viele Erfahrungen sammeln konnten.

Männer, (er)kennt die Signale!

Guck mal, was da spricht!

Verhaltenspsychologen gehen von einer Maxime aus: Der Mensch kann nicht nicht kommunizieren! Das heißt: Selbst wenn das zuckersüße Mausi drei Meter neben Ihnen an der Bar nicht spricht, sondern einfach nur mit seinen Gazellenbeinen dasteht und unschuldig mit den Wimpern klimpert, sagt es damit etwas.

Mimik, Körperhaltung, manchmal nur das Bewegen eines winzigen Muskels – oder das Ausbleiben dieser Bewegung – sagen jemandem, der diese stumme Sprache versteht, mehr als tausend Worte.

Für den Flirtenden sind Körpersprache und Mimik von besonderem Interesse: Die Anfangsphase eines Flirts unter Unbekannten besteht fast immer ausschließlich aus nonverbalen Signalen. Diese beruhen zum Teil auf physiologischen und nicht willentlich zu beeinflussenden Reaktionen – etwa, wenn das Gazellen-Mausi plötzlich die Gesichtsfarbe von Tofuweiß zu Tomatenrot wechselt. Zum Teil sind die nicht-sprachlichen Elemente aber auch erlernt und damit kulturell beeinflusst. Je nach Kulturkreis ergeben sich deswegen leicht veränderte oder sogar komplett gegensätzliche Bedeutungen. So gilt in manchen Ländern Blickkontakt als unhöflich. Wichtig zu wissen: In diesem Buch geht es um Flirts, wie man sie in weiten Teilen Europas oder in Nordamerika beobachten (und in die Tat umsetzen) kann. An dieser Stelle noch einmal die eindringliche Warnung, von Flirt-Versuchen in Gegenden abzusehen, mit deren Kultur Sie nicht vertraut sind (siehe auch «Das Kleingedruckte»).

Doch wenden wir uns wieder dem gepflegten Flirt in heimischeren Gefilden zu. Gehen Sie davon aus: Auch wenn die Dame stumm ist wie ein Fisch, ihr Körper spricht mit Ihnen. Und Ihr eigener Luxuskörper kommuniziert bereits vor jeglichem Hautkontakt mit der Dame. Gründe genug, sich etwas näher mit der Materie zu befassen.

Der Blick

Am Anfang ist der *Blick*. Nein, nicht die Bogart-Bergmannsche Hypnose-Variante («Starr mir in die Augen, Kleines.»), sondern der allgemeine Situations-Scanner. Mit diesem ersten Blick schätzen Sie als routinierter Flirt-Experte ab, ob eine Frau in der Nähe ist, mit der zu flirten Sie interessieren könnte.

Wichtig dabei: Gewöhnen Sie sich ab, gehetzt durchs Leben zu laufen, von einem Termin zum nächsten, mit den Gedanken stets eher beim nächsten Meeting als im – wie es so schön heißt – «Hier und Jetzt». Dann werden Sie garantiert Gelegenheiten verpassen, weil Sie nicht nur a) achtlos an den Frauen vorbeilaufen, mit denen Sie doch so nett flirten könnten, sondern b) diese mentale Abwesenheit mit jeder Pore ausstrahlen. Verschränkte Arme, abwesender Blick: Ihr ganzer Körper wird den Frauen, denen Sie begegnen, sagen: «Zurzeit sind leider alle Leitungen belegt. Bitte versuchen Sie es zu einem späteren Zeitpunkt noch einmal.» Für einen Flirt brauchen Sie schon ein wenig Muße. Ob Sie sich jetzt in einem Supermarkt oder einer Disco befinden.

Beispiel Supermarkt: Der Mann mit Scheuklappen hetzt durch die Reihen, die Einkaufsliste fürs Wochenende in der Hand, gezielt zu den benötigten Waren und ohne links und rechts zu gucken. Denken Sie doch nur, was oder wer sich links und rechts nicht alles befinden kann!

Ganz anders der flirtbereite Mann! Er schlendert mit seinem Einkaufswagen durch die Reihen, lässt sich vom Warenangebot vielleicht zum einen oder anderen sinnlichen Gericht inspirieren, das er lange nicht mehr gekocht hat und das er gerne mit einer schönen Frau zusammen verspeisen würde. Beiläufig schweifen seine Augen umher, ohne besonders lange irgendwo hängen zu bleiben. Und da, plötzlich: Am Tiefkühlregal mit den Schlemmerfischfilets steht sie. Lange Beine, eine entzückende Nase im Profil, lustige Locken. Das Zielobjekt!

Los, schau mir in die Augen, Kleines! Damit überhaupt ein Flirt zustande kommt, muss es zum *Blickkontakt* zwischen den potenziell Flirtenden kommen. Da wären Sie auch schon drauf gekommen? Schön! Aber kennen Sie auch die speziellen Tücken dieser ersten «Augenblicke»?

Im Allgemeinen kreuzen sich die Blicke der beiden Parteien zunächst zufällig. Und wenn sie das nicht wirklich zufällig tun, sollte es auf alle Fälle zufällig wirken.

In der frühen Flirtphase gilt die ***Unverbindlichkeits-Regel****. Jetzt ist es enorm wichtig, dass alle Ihre Handlungen und Verhaltensweisen nicht eindeutig auf das Vorhaben eines Flirts hindeuten. Jedes zu forsche Vorgehen Ihrerseits wird mit großer Wahrscheinlichkeit zum sofortigen Rückzug der Dame führen. Das legen zumindest soziologische Beobachtungen nahe.*

Das sehen Sie nicht ein? Sie sind ein ehrlicher Mensch und Sie legen Ihre Karten stets offen auf den Tisch? Das ist natürlich sehr edel und Ihr gutes Recht. Aber bleiben wir einmal beim Spielkarten-Vergleich. Was passiert, wenn Sie beim Pokern oder einem anderen Kartenspiel sofort alle Ihre Karten auf den Tisch legen? Genau, entweder verlieren Sie, oder das Spiel kommt erst gar nicht zustande. Zudem erwerben Sie sich einen Ruf als Spielverderber, den man nicht mehr mitmachen lässt.

Vergegenwärtigen Sie sich bitte: Auch Flirten ist ein Spiel. Die Raffinesse, mit der man es spielt, macht den Reiz dieses Spiels aus.

Im Klartext heißt das jetzt:

- Lassen Sie den Blick schweifen und starren Sie die Zielperson auf keinen Fall an! Denn Starren wird instinktiv als Bedrohung empfunden.
- Mustern Sie besser ganz allgemein den Raum im direkten Umfeld der Zielperson.
- Während Sie auf diese Art und Weise in Richtung der Dame sehen, lassen Sie Ihre Augen immer wieder – aber nur ganz kurz – über das Gesicht der Zielperson fliegen. Im Idealfall spürt sie, dass da irgendwer Interesse zeigt – und guckt ganz kurz zurück. Wenn nicht – nun, das ist ein Problem, auf das wir weiter hinten in diesem Kapitel eingehen werden.

Gehen wir aber einmal davon aus, dass es zum kurzen Blickkontakt kommt. Dieser dauert, das haben Untersuchungen ergeben, fast nie länger als drei Sekunden. Trotzdem werden in dieser Windeseile unbewusst etliche Informationen über den anderen gesammelt. Wenn Ihre Auserwählte Sie so scannt, könnte das folgendermaßen ablaufen: Alter? Circa dreißig! Ausstrahlung? Cooler Macho! Konstitution? Sportler! Modeorientiert? Anzugträger! Abgleich mit bereits bekannten Männern? Erinnert entfernt an den tollen Lover im Griechenland-Urlaub 1999! Familienstand? Ringlos! Potenzieller Paarungspartner? Ja! Und – schwupps – bildet sich in dieser kurzen Zeit ein kompletter erster Eindruck.

Haben Sie den Blick der Schönheit erhascht, wird sie vermutlich recht schnell mit einem Wegdrehen des Kopfes oder mit einem Senken des Blickes reagieren. Das werden Sie übrigens ganz automatisch genauso machen. Darum nicht entmutigen lassen, das bedeutet keineswegs Desinteresse!

Lächeln Sie bitte jetzt!

Jetzt geht es um die Wurst. Oder besser: Um *Blickkontakt Nummer zwei* und damit um die Fortsetzung des Flirts. Machen Sie eine kurze Pause, kramen Sie in Ihrem Einkaufswagen, inspizieren Sie das Tomatencremesuppenangebot rechter Hand. Und dann sehen Sie gezielt noch einmal hin.

Schauen Sie bei Ihrem zweiten Blick möglichst in ihre Augen und nicht auf die Beine. Auch dann, wenn die ein wahres Weltwunder sein sollten.

Sie lässt sich nichts anmerken, sieht gar starr in eine andere Richtung? In diesem Fall ist der Flirt bereits jetzt vorüber: kein Interesse bei der Dame. Nehmen Sie es sportlich. Die Gute weiß schließlich nicht, was ihr entgeht. Und auch andere Einkaufswagen haben hübsche Schubsen.

Falls aber der erste Blick bei der Zielperson Interesse geweckt hat, wird auch sie mit großer Wahrscheinlichkeit noch einmal zu Ihnen herüber schauen. (Es sei denn, sie ist wahnsinnig schüchtern oder wahnsinnig kurzsichtig oder wahnsinnig verheiratet und deswegen skrupelbehaftet – was alles einen Flirt sowieso derart schwierig macht, dass Sie besser davon Abstand nehmen.)

Nehmen wir aber an, sie sieht zurück: Lächeln Sie! Lächeln ist ein uraltes Signal, das schon unsere Vorfahren in der Steinzeit entschlüsseln konnten. Es funktioniert als Kommunikationssignal über Entfernungen bis zu fünfundvierzig Metern – also auf jeden Fall von der Käsetheke bis zum Tiefkühlfisch.

Lächeln hat mehrere für einen Flirt ausgesprochen günstige Signalfunktionen. Zum einen transportiert es die Botschaft: «Dich zu sehen, ist eine Freude für mich.» Aber was noch viel wichtiger ist: Lächeln steckt an.

Das bedeutet nicht nur, dass ein einfacher Nachahmungseffekt bei der angelächelten Person eintritt. Sie bekommt tatsächlich gute Laune! Und die Person, die durch ihr erstes Lächeln diese Stimmungsverbesserung ausgelöst hat (also Sie!), wird sofort assoziativ mit der guten Laune verknüpft und wirkt darum sympathisch. Aber damit nicht genug: Wenn Sie bewusst lächeln, werden auch in Ihrem eigenen Körper physiologische Prozesse in Gang gesetzt, die Ihre Stimmung heben und – nebenbei bemerkt – ausgesprochen gesund sind. Die Zahl der Abwehrzellen im Blut steigt, der Hormonspiegel verändert sich. Beinahe, als hätten Sie Antidepressiva geschluckt.

Nur «echtes» Lächeln funktioniert Nur das so genannte «echte» Lächeln hat diese positiven Effekte. Unechtes Lächeln wirkt nicht annähernd so einnehmend auf andere – speziell auf Frauen, die erwiesenermaßen nonverbale Signale zuverlässiger deuten können. Wie sich die beiden Arten zu lächeln unterscheiden? Nun, das echte Lächeln beschränkt sich nicht auf hochgezogene Mundwinkel, sondern bezieht das gesamte Gesicht mit ein. Speziell die Augen. Wenn die zu kleinen Schlitzen werden und sich drum herum die Haut in Fältchen legt, ist das Lächeln sehr wahrscheinlich echt. So sollten auch Sie lächeln!

Das unechte Lächeln ist hingegen das Foto-Lächeln der Stars oder der Assistentinnen in Fernseh-Shows. Wenn die die Aufforderung «Cheese» oder «Kamera läuft» hören, lächeln sie. Aber nur mit dem Mund, damit das Augen-Make-up nicht leidet. Ein weiteres Charakteristikum: Das unechte Lächeln verschwindet so schnell wieder aus dem Gesicht, wie es gekommen ist. Wie an- und ausgeknipst.

Echtes Lächeln wird dagegen nur langsam weniger. Wenn es länger andauert, tritt es in Wellenform auf. Das heißt: Während unechtes Lächeln «einfrieren» kann und mitunter länger als vier Sekunden unverändert auf dem Gesicht klebt wie eine Maske – zum Beispiel bis das Foto im Kasten ist –, dauert echtes Lächeln nie länger als vier Sekunden. Dann wird es weniger und setzt dann, falls es weiterhin Grund zum Lächeln gibt, von neuem an. Charakteristisch für das echte Lächeln sind auch die zuckenden Mundwinkel.

Wenn Sie den Unterschied zwischen echtem und unechtem Lächeln kennen, können Sie auch feststellen, ob eine Dame Sie nur aus purer Höflichkeit anlächelt (= unechtes Lächeln) oder sie Sie tatsächlich sympathisch findet (= echtes Lächeln). Sollten Sie zum Beispiel demnächst auf einer Messe sein, schauen Sie beim Lächeln der Messehostessen einmal ganz genau hin. Und laden Sie nur die zum Abendessen ein, die es ernst meint.

Top oder Flop?

Grüner wird's nicht! Wenn Sie eins oder – noch besser – mehrere der im Folgenden aufgelisteten Signale sehen, dürfen Sie überlegen, ob Sie die Dame ansprechen:

- *Echtes Lächeln* Hatten wir gerade: Nicht nur die Mundwinkel zeigen nach oben, auch die Haut um die Augen legt sich in Falten. Eine Frau, die Sie so anschaut, meint zumindest das Lächeln ernst. (Bitte vergewissern Sie sich aber zur Vermeidung von Peinlichkeiten, ob sie auch tatsächlich Sie meint und nicht das Ethan-Hawke-Double hinter Ihnen.)
- *Schnelles Heben der Augenbrauen* Verhaltensforscher schreiben dieser Bewegung hohe Signalfunktion zu. Das schnelle Heben der Augenbrauen bedeutet Interesse und sagt: Sieh her, was ich jetzt gleich tue!
- *Sie wendet Ihnen ihren Körper zu* Das heißt: Sie dreht nicht nur den Kopf in Ihre Richtung, sondern ihren ganzen Körper (sofern die Situation das gerade zulässt).

Das heißt: Sie ist zunächst einmal offen für das, was da in den nächsten Minuten von diesem Herrn (Ihnen!) kommen mag.

- *Angleichen der Körperhaltung, Nachahmen von Gesten* Sie schlägt die Beine übereinander, wenn auch Sie die Beine übereinander schlagen, sie führt ihr Glas zum Mund, wenn auch Sie Ihres gerade heben. Klar, das kann Zufall sein. Wahrscheinlicher ist: Sie beobachtet Sie (vielleicht ganz unbewusst und im Augenwinkel) und kopiert ganz automatisch Ihre Bewegungen. Interesse!
- *Nach vorn lehnen* Sie wendet sich Ihnen nicht nur zu, sondern beugt sich auch noch etwas zu Ihnen herüber. Bedeutet: Sie kommen an!
- *Erröten* Bereits Blickkontakt kann eine physiologische Reaktion hervorrufen. Und bei manchen Damen gibt es darüber hinaus eine entzückende Reaktion, die im wolkigen Erröten sichtbar wird.
- *Glattstreichen der Kleidung* Wenn eine Dame plötzlich nervös an ihrer Kleidung zupft, weil Sie sie angesehen haben, dürfen Sie sich geschmeichelt fühlen. Speziell, wenn die Lady ihre Bluse oder ihr T-Shirt nach unten glatt streicht. Dann möchte sie Ihnen (unbewusst) ihren Busen in ganzer Pracht präsentieren. In diesem Zusammenhang achten Sie bitte auch auf den nächsten Punkt.
- *Aufgerichtete Brustwarzen* Hat Ihr Blick besonderes Interesse ausgelöst und die anvisierte Dame in helle Aufregung versetzt, richten sich möglicherweise ihre Nippel auf. Wenn Sie Glück und Ihre Kontaktlinsen eingesetzt haben, können Sie das sehen (gut möglich, wenn die Hübsche ihre Kleidung richtet wie oben beschrieben). Achtung: Bevor Sie sich zu früh freuen, prüfen Sie, ob die Umgebung vielleicht einfach ein wenig kühl ist. Sie wissen ja, Frauen frösteln leicht. Vor allem in der Nähe von Tiefkühlregalen.
- *Leichtes Anheben des Rocksaumes* Auch wenn sich das so plakativ anhört, dass es kaum zu glauben ist: Mit versteckter Kamera arbeitende Wissenschaftler haben festgestellt, dass an einem bestimmten Mann interessierte (und mit einem Rock oder Kleid bekleidete) Frauen ihren Saum leicht lüpfen, sodass mehr Bein zu sehen ist. Sobald allerdings der Falsche schaut, wird sofort energisch alles verdeckt. Auf dieses Negativsignal sollten Sie also auch achten!
- *Das Spiel mit den Haaren* Wenn eine Frau nach einem Blickwechsel mit Ihnen ihr offenes Haar wie in einer Shampoo-Reklame nach hinten wirft, will sie Ihnen gefallen. Ebenfalls, wenn sie sich «gedankenverloren» durchs Haar fährt – je langsamer, desto eindeutiger – oder sich mit der ganzen Handfläche über Hals und Nacken reibt. Nur zu, sie ist flirtbereit.

Bis hierher – und nicht weiter! Natürlich gibt es auch *Negativsignale*. Wenn Sie die erkennen, verschwenden Sie keine Zeit und Mühe mehr auf die Tussi – suchen Sie sich dankbareres Terrain.

- *Unechtes Lächeln,* das sofort wieder aus dem Gesicht verschwindet. Die Dame ist höflich, will Sie zwar nicht brüskieren, aber vom Hocker reißen Sie sie auch nicht. Wenn Sie das unechte Lächeln fälschlich als positives Signal interpretieren und die Annäherung einleiten, werden Sie bald eine Spur unfreundlicher in Ihre Schranken verwiesen werden. Sparen Sie sich das!
- *Widersprüchliche Körperhaltung* Die Lady wendet Ihnen ihr Gesicht zu, der Körper zeigt ganz woanders hin. Wenn Sie nicht gerade im Friseursalon im Frisierstuhl nebeneinander sitzen, bedeutet das: Sie geht pro forma auf Ihre Annäherung ein. In Wirklichkeit ist sie nicht interessiert.
- *Verschränken der Gliedmaßen* Wenn eine Frau plötzlich Türsteherhaltung einnimmt, weil Sie sie angesehen haben: Vergessen Sie sie!
- *Starres Wegsehen* und zwar nach dem ersten Blickkontakt. Hier dranzubleiben wäre vergebliche Liebesmüh. Die kalte Schulter ist sprichwörtlich. Wenn Sie sich weg dreht, sollten Sie es ihr gleichtun. Sehen Sie sich lieber nach vielversprechenderen Herausforderungen um.
- *Ein Mann* Huch, den hatten Sie ja gar nicht gesehen! Plötzlich kommt ein grimmiges Wesen (ein Bodyguard? Ihr Ehemann?) mit einer geradezu diabolischen Aura um die Ecke und fasst das von Ihnen erstrebte Wesen demonstrativ um die Taille. Dabei wirft Ihnen der Kerl einen triumphierenden Blick zu. Nun, der muss irgendwas missverstanden haben – Sie wollten doch eigentlich gerade nach Hause.

Das «Die legt's doch darauf an»-Missverständnis Da steht nun dieses Mädel und trägt unfassbare Hot Pants und High Heels. Obenrum dieses enge, fast durchsichtige T-Shirt mit dem wahnsinnig tiefen Ausschnitt, das Sie schon beim Hingucken um den Verstand bringt.

Eindeutige Signale, denken Sie. Die legt es doch darauf an, angequatscht, wenn nicht sogar angefasst zu werden. Halt! Fataler Irrtum! Viele Frauen (wenn sie nicht gerade in einem einschlägigen Rotlichtbezirk mit angewinkeltem Bein an der Hauswand lehnen) ziehen sich sexy an, weil die momentane Mode nun mal so ist. Einen anderen Grund gibt es nicht! Flirten Sie mit diesen Frauen unbedingt genauso wie mit einer Hochgeschlossenen. Und vermeiden Sie im eigenen Flirt-Interesse Blicke und anerkennendes Kopfnicken, nachdem Sie Ihren Blick langsam und ausgiebig über den Körper der Dame haben schweifen lassen. Und verkneifen Sie sich auf alle Fälle einen anerkennenden Klaps auf den Po. Das können Sie auf dem Nutzvieh-Markt (mit dem Nutzvieh) machen, hier nicht! Ansonsten droht sofortige Disqualifikation!

Zwei häufige Probleme

Im frühen Flirt-Stadium funktioniert nicht immer alles nach Plan. Erfahrungsgemäß ergeben sich am häufigsten die folgenden zwei Probleme:

Hilfe, sie sieht mich nicht! Sie würden ja so gerne flirten, aber es kommt kein Blickkontakt zustande. Die Zielperson bemerkt Sie einfach nicht. Ziehen wir noch einmal das Supermarkt-Beispiel von vorhin heran: Nehmen wir an, die Gute wendet Ihnen den Rücken zu, weil sie völlig konzentriert darauf ist abzuwägen, ob sie jetzt das Tiefkühl-Schlemmerfilet mit dem Olivenbelag oder das mit Soße Hollandaise nehmen soll?

Auch in diesem Fall vergegenwärtigen Sie sich die goldene Regel, dass der Flirtende seine eigenen Handlungen so zweideutig wie möglich halten sollte. Will sagen: Solange Sie sich nicht sicher sind, ob Ihr Interesse auf Gegenliebe stößt bzw. Sie sich selber noch nicht sicher sind, ob Sie wirklich Interesse haben (wer weiß, wie Schnucki von vorn aussieht), gilt: *Verschleiern Sie Ihre Flirt-Absichten!*

Wenn Sie jetzt also hingehen, der Frau auf die Schulter tippen und deutlich sagen: «Schönes Kind, ich hätte heute Abend Zeit. Sollen wir uns treffen?», legen Sie sich nicht nur verdammt fest, sondern müssen sich auch nicht wundern, wenn das schöne Kind das Weite sucht. Und das selbst dann, wenn sie bei einer anderen Kontaktaufnahme vielleicht Interesse an Ihnen gezeigt hätte. Das werden Sie leider nie erfahren!

Merke: Sie müssen vor dem Ansprechen immer und in jedem Fall Blickkontakt herstellen, sonst geht gar nichts.

Darum greifen Sie jetzt in die Trickkiste: Sie müssen sich eine unverfängliche Kontaktaufnahme überlegen, die a) die Zielperson dazu bringt, Sie anzusehen, und b) der Zielperson ihrerseits den Kontakt erleichtert. Konkret heißt das: Sie nähern sich. Und zwar nähern Sie sich, indem Sie Interesse für etwas in der unmittelbaren Umgebung der Zielperson heucheln. Sagen wir: Sie interessieren sich für die Fischstäbchen, die direkt neben dem Schlemmerfilet liegen. Da kann niemand was gegen sagen. Jeder darf sich für Fischstäbchen interessieren. Auch Sie.

Mögliche Vorgehensweise: Sie streifen nun die Dame mit Ihrem Arm – scheinbar versehentlich und bitte ganz leicht. Sie wird Sie sehr wahrscheinlich jetzt ansehen: Blickkontakt eins! Entschuldigen Sie sich und lächeln Sie. Dann wenden Sie sich – wie geplant und um keinen Verdacht zu erregen – den Fischstäbchen zu. Weiter wie oben bei: «Lächeln Sie bitte jetzt.»

Plötzliche Funkstille Alles hat so viel versprechend angefangen. Die Schöne hat geguckt, Sie haben gelächelt, dann wieder die Schöne, dann wieder Sie und plötzlich, von einer Sekunde auf die nächste: nichts mehr. Gar nichts. Null Reaktion. Sie sind ratlos. Was ist passiert? Nun, da gibt es verschiedene Möglichkeiten.

Ist vor kurzem jemand aufgetaucht, der mit Ihrer Auserwählten ein paar Worte gewechselt hat? Wenn das der Fall und diese Person ein Mann war, kann es sein, dass es sich um ihren Freund oder Gatten oder den mit Argusaugen über das Schwesterlein wachenden Bruder handelt. Das würden Sie von selber schnell herausfinden, weil er dann mit großer Wahrscheinlichkeit neben seiner Liebsten beziehungsweise Schwester stehen bleibt.

Aber auch wenn ein Mann oder eine Frau mit der Angeflirteten gesprochen hat, ohne in unmittelbarer Nähe bei ihr zu verweilen, kann das die weibliche Flirtfreudigkeit beeinträchtigen. Dann nämlich, wenn der oder die neu Hinzugekommene mit jemandem bekannt ist, der wiederum das offizielle Herzblatt der Hübschen kennt. Und damit es nicht zu unschönen Petzereien kommt, lässt die Kleine fortan das Flirten lieber bleiben. Es kann auch ohne die Ankunft eines Dritten dazu kommen, dass eine Frau sich plötzlich zurückzieht. Vielleicht hat ihr soeben ein Engelchen ins Gewissen geredet, wozu das noch alles führen solle und dass doch ihr Liebster daheim vor dem Fernseher auf sein Bier wartet.

Letzte (und für Sie beste) Möglichkeit: Sie ist schüchtern und hatte nur einen unerwarteten Anfall von Courage, als sie eingangs mit Ihnen geschäkert hat. Jetzt wartet sie darauf, dass Sie etwas unternehmen.

In den beiden ersten Fällen sollten Sie den Flirt als beendet betrachten. Im dritten Fall wäre es schade, wenn Sie aufgeben würden.

Nur, wie finden Sie heraus, ob die Dame sich lediglich aus Schüchternheit so verhält? Da gibt es nur eine Möglichkeit, sofern kein anderer Kerl jetzt bei ihr herumsteht und den Aufpasser gibt: Gehen Sie hin. Was Sie dann tun sollen? Lesen Sie weiter!

Die Anmache

Warum witzige Anmachen wenig mit Humor zu tun haben

«5000 witzige Flirtsprüche», «Die besten Anmachsätze für Verführer» – solche Titel sind Verkaufsschlager und gern gewählte Präsente zu Geburtstagen von Singles. Was viele nicht wissen: Sie können einen großen Teil dazu beitragen, dass die auf diese Weise beschenkten Singles auch weiterhin Singles bleiben. Diese These bedarf näherer Erklärung.

Zugegeben, es gibt sehr witzige Anmachsprüche. Wer würde nicht schmunzeln, wenn er folgende Sprüche liest:

«Glaubst du an Liebe auf den ersten Blick – oder soll ich noch mal reinkommen?»

«Ich bin neu in der Stadt. Könntest du mir den Weg zu deiner Wohnung zeigen?»

«Dieses Kleid würde wunderbar zu meinem Schlafzimmerfußboden passen.»

«Wenn ich Sie jetzt um Sex bitten würde – wäre Ihre Antwort die gleiche wie die, die Sie auf diese Frage geben?»

Die Liste könnte endlos fortgeführt werden. Auch die meisten Frauen müssen grinsen, wenn sie einen solchen Spruch irgendwo lesen. Und zwar exakt so, wie sie grinsen müssen, wenn sie einen guten Witz in einer Zeitung entdecken. Sobald sie allerdings denselben Spruch im «Ernstfall» von einem Mann zu hören bekommen, werden sie weder den Spruch noch den ihn aufsagenden Mann lustig finden. Im Gegenteil: Die Mädels fühlen sich von solchen Sprüchen nicht nur angemacht, sondern regelrecht verschaukelt. Und sie werden den wohlmeinenden Flirt-Interessenten brüsk abweisen. Das ist nicht so dahergesagt, sondern das Ergebnis wissenschaftlicher Studien. Viele Männer wird das sicher überraschen.

Schließlich heißt es doch immer, Humor sei eine so wichtige Eigenschaft, die Frauen bei einem Mann schätzen. Grundsätzlich ist das sicher richtig. Aber erlauben Sie die Gegenfrage: Haben Sie selbst schon einmal tatsächlich eine Ihnen bislang fremde Frau mit einem gemeinhin als originell angesehenen Spruch für sich gewinnen können? Und? Ihnen fällt keine Situation ein? Sehen Sie!

Warum finden Frauen witzige Sprüche also nicht witzig? Sind Frauen etwa humorlos? Antwort: Nein, sind sie nicht. Jedenfalls nicht humorloser oder humorvoller als Männer. Dass Frauen «originelle» Anmachsprüche auf dem Papier zwar witzig, in der Praxis aber total daneben finden, hat zum einen mit der speziellen Flirt-Situation zu tun und zum anderen mit dem Wunsch, einzigartig zu sein und auch so behandelt zu werden.

Der erste Fallstrick: «Originelle» Sprüche klingen selten spontan. Besonders übel, wenn die Frau den verwendeten Einzeiler schon kennt (vielleicht, weil sie ein «Flippige Flirtsprüche»-Buch zum Geburtstag geschenkt bekommen hat?) Das Gemeine: Selbst wenn sich der Flirtwillige den Spruch tatsächlich soeben ausgedacht hat, wird die Spontanpoesie trotzdem ankommen, als sei sie auswendig gelernt. Sobald die Anmache irgendwie nach einem Witz mit Pointe klingt, wird die Dame in jedem Fall mutmaßen, dass der Mann den Satz vorbereitet hat. Daraus wiederum wird sie wenig schmeichelhafte Schlüsse ziehen:

- Dem Kerl fällt wohl nichts Eigenes ein? Gott, wie unkreativ. Ein Langweiler!
- Der ist wohl dringend auf der Suche! Denn den Spruch hat er bestimmt nicht gelernt, um ihn allein bei mir anzuwenden.
- Für wie blöd hält der mich eigentlich, dass ich das nicht durchschaue? Frechheit.
- Was erwartet der jetzt bloß von mir? Applaus? Dass ich vor ihm auf die Knie sinke? Ich kenne den Typen doch gar nicht.

Der Anwender eines «originellen» Spruchs verletzt also die Eitelkeit der Frau und heimst sofort jede Menge Negativpunkte ein. Fassen wir einmal zusammen: Ihm wird unterstellt, ein langweiliger Einfaltspinsel zu sein, der nicht nur hinter jedem Rockzipfel her rennt, sondern die Inhaberinnen dieser Rockzipfel auch noch für dumm verkaufen will und darum (aus Sicht der Mädels mit vollem Recht!) nicht eine einzige davon abbekommt. Hinzu kommt: Der originelle Sprücheklopfer verletzt die bereits erwähnte Unverbindlichkeits-Regel des Flirts. Durch seine Äußerung macht er eindeutig klar, dass er etwas von der Dame will – mindestens einen Flirt –, und kriegt auf diese Weise nicht mal einen solchen.

Ein erfolgreicher Flirt-Dialog – auch das ist das Ergebnis wissenschaftlicher Studien – wird immer zunächst als unverbindliches Gespräch getarnt. Dabei tun beide Parteien zumindest die erste Zeit so, als könne dieses Gespräch auch etwas ganz anderes sein als ein Flirt. Zum Beispiel ein harmloser Austausch über die Zubereitungsmöglichkeiten von Tiefkühlfisch (beim Flirt im Supermarkt) oder die Vor- und Nachteile der Haustierhaltung (beim Flirt auf der Hundewiese). Diese ständige Zweideutigkeit des Flirts ist nämlich die Voraussetzung dafür, dass jeder der Flirtenden ständig eine Rückzugsmöglichkeit offen behält und sich nicht in irgendeiner Weise festlegen muss.

Um ein Beispiel aus dem Sport zu benutzen: Ein Erfolg versprechender Flirt-Dialog ist vergleichbar mit einer Situation, in der man sich beim Tennis Bälle zuspielt und erst hinterher entscheidet, ob die Punkte zählen oder nicht. Wer sofort mit einem originellen Spruch aufschlägt, sagt von vornherein: Wir spielen ein Turnier! Und das, obwohl die Mitspielerin sich nicht mal aufgewärmt hat.

Der Verwender eines originellen Anmachspruchs setzt der Dame also, ohne es zu wollen, die Pistole auf die Brust. Und selbige wird sich im Zweifel (fast) immer gegen den ihr noch gänzlich unbekannten Fremden entscheiden.

Fazit: Witzige Anmachsprüche sind ein vermeidbarer Anfängerfehler!

Plump und peinlich – das sollten Sie sich sparen

Finden die meisten Frauen bereits «originelle» Anmachen schlimm, ist die Steigerung selbiger der plumpe Spruch. Dazu zählt zum Beispiel das jovial-kumpelhaft gemeinte «Lach doch mal». Dieser Satz ist sowohl dann ein Tritt in den Fettnapf, wenn die Dame ihrer eignen Einschätzung zufolge völlig neutral dreinblickt, als auch in dem Fall, wenn sie wirklich traurig und ihr nicht nach Lachen zumute ist. *So* schenkt sie Ihnen bestimmt kein ehrliches Lächeln! Falls die Dame dennoch einer derartigen Aufforderung nachkommt und grinst, wird es sich um eine Verlegenheitsreaktion handeln. Junge Mädchen wissen sich oft nicht anders zu verhalten. Etwas erfahrenere Frauen schleudern dem sie auf diese Weise ansprechenden Mann schon eher ein «Ich gucke, wie es mir passt» entgegen. Ebenso zu vermeiden sind Sprüche wie «Boah, du hast echt Potenzial» oder «Darf ich mal anfassen?». Wenn Sie dann auch noch tatsächlich der Frau unters Kinn (oder sonst wohin) fassen, dürfen Sie von Glück sagen, wenn Sie es nicht mit einer in Kampfkunst geschulten Lara Croft zu tun haben.

Genial banal – die *wirklich* guten Anmachen

Fragen Sie mal ein paar glücklich liierte Paare, wie sie sich kennen gelernt haben und wer von beiden den anderen wie angesprochen hat. Sie werden Ratlosigkeit erleben! Die meisten Paare erinnern sich meistens sehr gut an die Themen des allerersten Gesprächs. Auch daran, dass er ein T-Shirt mit der Mick-Jagger-Zunge trug und sie einen ultrakurzen Rock von Dior. Natürlich erinnern sich die Paare an den ersten Kuss und daran, dass gerade «Que sera» im Fahrstuhl gedudelt wurde, in dem man gemeinsam stecken blieb. Aber wenn die Zwei Auskunft darüber geben sollen, wie denn nun der – ganz offensichtlich erfolgreiche – Anmachspruch gelautet hat, der sie beide zusammengeführt hat: Fehlanzeige! Da wird gegrübelt, dass es raucht. Und dann sagt vielleicht der weibliche Part des Paares nach langem Überlegen etwas wie: «Ich glaube, der Rüdiger hat damals einfach ‹Ist hier noch frei?› gesagt.» Worauf Rüdiger lauthals protestiert und behauptet, so einfallslos könne er seine Susi gar nicht angequatscht haben. Und doch hat er das wahrscheinlich.

Das Geheimnis der wirklich guten «Anmachen» lautet: Sie sind so wahnsinnig normal, so skandalös unspektakulär, dass man damit einfach über jeden Verdacht erhaben ist.

Die besten Fragen Die Person, mit der man gerne flirten möchte, freundlich etwas Unverfängliches zu fragen, ist ein raffinierter Schachzug. Die Höflichkeit gebietet es nämlich zu antworten. Zumindest, sofern die Frage nicht unverschämt («Sind Sie ein Luder?») oder vulgär ist («Ficken?») oder zumindest als unverschämt empfunden werden kann.

Am häufigsten kommen sicher Fragen vor wie «Hast du mal Feuer?», «Ist hier noch frei?» oder «Entschuldigung, könnten Sie mir vielleicht sagen, ob die Linie 3 hier hält?» Diese Fragen werden oft nicht zum Zweck der Anmache benutzt, und genau darin liegt ihre Stärke, um sie genau zu diesem Zweck zu verwenden.

Sie sind unverdächtig und stellen dennoch auf direktem Weg Blickkontakt her und sorgen dafür, dass man so nah beieinander steht, dass man sich unterhalten kann. Darauf kann man aufbauen.

Der Nachteil dieser Fragen ist allerdings: Sie sind meist mit ein bis zwei Worten zufrieden stellend beantwortet. Wollen Sie ein Gespräch aufbauen, müssen Sie wieder ganz neu ansetzen.

Noch raffinierter ist es darum, offene Fragen zu stellen, auf die die Angesprochene – zumindest theoretisch – mit längeren Ausführungen antworten kann.

Stellen Sie sich vor, Sie sind im Museum und haben bereits eine Kunstinteressierte entdeckt, die Sie im Grunde mehr fasziniert als die Plastiken und Gemälde um Sie herum und mit der Sie schon Blicke getauscht haben. Fragen Sie nicht: «Wissen Sie, wo die Toiletten sind?» Das wäre eine Sackgassen-Frage, ebenso wie alle Fragen, die nur mit «ja» oder «nein» beantwortet werden können. Stellen Sie lieber eine Frage wie: «Entschuldigung, kennen Sie sich mit Picasso/Monet/Beuys aus? Können Sie mir zufällig etwas über dieses Werk erzählen?» Die Angesprochene wird Ihnen im Idealfall jetzt etwas über Picasso, Monet oder Beuys erzählen, wofür Sie sie als Dankeschön später zum Tee im Museumscafé einladen können. Sie weiß nichts? Egal. Dann haben Sie eine Gemeinsamkeit, auf der Sie aufbauen können, etwa indem Sie sagen: «Wie schön, dass ich nicht alleine bin mit meiner Unwissenheit.»

Gesprächsaufhänger Gesprächsaufhänger sind der «Schuhanzieher» einer Unterhaltung: Mit ihnen kommt man rein. Ist man einmal drin, braucht man sie nicht mehr. Will sagen: Wenig später wird meist das Thema gewechselt – dazu mehr im Kapitel «Raus mit der Sprache».

Als Aufhänger eignen sich grundsätzlich Dinge, Personen und Gegebenheiten, die sowohl für Sie als auch für die Dame, die das Ziel Ihres Flirts ist, unmittelbar wahrnehmbar sind oder von denen Sie wissen, dass sie Ihnen beiden bekannt sind. Zum Beispiel:

- **Die Musik** Ob Sie gerade in einem Supermarkt stehen oder in einem Café, in einer Disco oder auf einem Konzert, im Grunde wird überall irgendetwas gedudelt. Erkundigen Sie sich bei der Dame nach dem gerade laufenden Stück, Ihnen sei der Name entfallen, liege Ihnen aber auf der Zunge. Daran lässt sich leicht ein Gespräch über die musikalischen Interessen im Allgemeinen und Besonderen anknüpfen. Geben Sie sich dabei möglichst tolerant gegenüber von Ihnen nicht unbedingt favorisierten musikalischen Stilrichtungen. Sagen Sie statt «Das finde ich furchtbar» lieber «Das höre ich seltener». Es sei denn, es ist ein K.o.-Kriterium für Sie, wenn die Süße auf Metal, Bob Marley oder das Musikantenstadl abfährt.
- **Gemeinsame Bekannte** Auf einer Party ist der Gastgeber immer ein ergiebiges Thema, wobei hier von Lästern abzuraten ist, wenn man noch einmal eingeladen werden will. Zum Lästern eignen sich hingegen hervorragend Macken und Allüren von Lehrern oder Seminarleitern.

- **Thema der Veranstaltung** Im Rahmen eines Depeche-Mode-Konzerts unterhält man sich über Depeche Mode, auf einem Kongress zu «Psychosen des Alltags» über Psychosen des Alltags, auf dem Empfang des Bundeskanzlers über die tolle Architektur des Kanzleramtes und im Volkshochschulkurs «Spanisch für Anfänger» über den letzten Andalusien-Urlaub. Ganz einfach.
- **Das Büfett** Mit vollem Mund spricht man ja eigentlich nicht. «Mmmm, lecker» ist trotzdem ein klasse Gesprächsöffner, wenn man das Gleiche auf dem Teller hat. Denn: Sofern sie bereits probiert hat, hat sie auch eine Meinung dazu. Enthusiastische Empfehlungen kommen ebenfalls gut. («Dat Chili is sen-sa-tio-nell!!!») Ansonsten kann man bei nicht unmittelbar zu identifizierenden Speisen einfach um Aufklärung bitten: «Was ist das?» Wenn die Angesprochene auch nicht Bescheid weiß, ergibt sich manchmal eine hübsche Kette sich gegenseitig überbietender Assoziationen: «Sieht aus wie spanische Heuschrecken in einer altägyptischen Zikaden-Marinade», wird da schon mal überboten von: «Ich denke, es handelt sich eher um zentralfranzösische Mistelzweige mit Karamellüberzug.»
- **Dekoration** Ein Kunstdruck von Cézanne, die von Hand gebatikte Tischdecke in der Teestube oder die liebevolle, wenn auch optisch fragwürdige Schleifchendekoration auf dem Vierzigsten Ihrer Schwägerin sind Dinge, auf die Sie sich beziehen können. Legen Sie sich aber nicht wertend fest, denn Kunstgeschmack ist eine sehr persönliche Sache. Was Sie scheußlich finden, kann Ihr Gegenüber schätzen. Sagen Sie lieber «Ungewöhnlich!» oder «Interessant», und warten Sie die Reaktion ab.
- **Der Tanzstil der anderen Gäste** Um diesen unter gewissen Voraussetzungen sehr spaßigen Gesprächsaufhänger benutzen zu können, sollten Sie die Dame, mit der Sie gemeinsam über Dritte lästern wollen, zuvor gründlich beobachten. Erstens darf der eigene Tanzstil der Dame keine Ähnlichkeiten mit dem aufs Korn genommenen Stil haben. Zweitens darf sie mit der Person, über deren Gehampel hergezogen werden soll, keinesfalls bekannt sein. Ansonsten kann dieser Gesprächsaufhänger unangenehm in die Hose gehen. Etwa weil Sie das Gespräch mit der Bemerkung «Die tanzt irgendwie wie der elektrische Plastik-Weihnachtsbaum, den ich mal beim Wichteln gewonnen habe» einleiten, der Christbaum aber leider ihre beste Freundin ist.
- **Das Wetter** Dieses Thema sollte nur kurz angeschnitten werden, zwingt sich aber geradezu auf, wenn es aus Eimern schüttet und Sie einen Schirm anzubieten haben.

Der «Hallo»-Trick Manchmal ist es ganz simpel, Damen aus der Reserve zu locken und sie dazu zu bringen, zu Ihnen zu laufen wie ein Hündchen.

Nehmen wir an, Sie sehen eine Ihnen vollkommen unbekannte Dame. Zum Beispiel in einem Café. Sie sitzt vor einer Schale Milchkaffee, liest Zeitung. Sie gefällt Ihnen auf Anhieb: tolle Schenkel, Spitzenbusen, volle Lippen et cetera, et cetera. Normalerweise würden Sie jetzt versuchen, ihren Blick zu erhaschen, dann den zweiten Blick, lächeln und so weiter. Eben, weil Sie sie noch nie gesehen haben. Diesmal probieren Sie etwas anderes.

Der Trick ist: *Sie stellen sich einfach vor, Sie würden die Dame kennen*. Nein, Sie sollen sie nicht einfach verwechseln und sagen: «Hey, Linda, lange nicht gesehen.» Das ist viel zu plump und fliegt wahrscheinlich sofort auf. Und sogar wenn Sie nicht ertappt werden, wird sie Ihnen lediglich mitteilen, dass sie nicht Linda ist – und das war's dann.

Der «Hallo»-Trick funktioniert subtiler: Sie tun einfach so, als würden Sie die Frau flüchtig kennen. Nur vom Sehen her, nicht mal ihr Name ist Ihnen geläufig. Trotzdem ändert sich sofort Ihr Verhalten. Noch einmal von vorn:

- Sie kommen herein, sehen die Dame, entwickeln spontane Begeisterung.
- Wählen Sie den Weg so durch das Lokal, dass Sie durch das Blickfeld der Zielperson laufen. Gehen Sie so nah wie möglich an ihrem Tisch vorbei.
- *Nun müssen Sie genau das tun, was Sie tun würden, wenn Ihnen die Dame bekannt wäre.* Vielleicht stellen Sie sich einfach vor, dass sie zeitweise in Ihrer Firma am Telefonempfang sitzt. Und was tun Sie in so einem Fall? *Genau: Sie nicken ihr freundlich lächelnd zu und sagen laut und deutlich «Hallo».*
- Dann gehen Sie weiter und suchen sich einen Platz, von dem aus ein Blickkontakt mit der Zielperson möglich ist.

Würden Sie die Frau tatsächlich flüchtig kennen, würde jetzt gar nichts mehr passieren. Denn in diesem Fall hätte die Frau Sie ja auch erkannt, zurück gegrüßt und sich dann vermutlich wieder der Lektüre zugewandt. Ganz anders, wenn sie Sie nicht kennt! Dann ist jetzt ihre Aufmerksamkeit geweckt. Vielleicht hat sie zwar reflexartig zurück gegrüßt, weiß aber (natürlich) nicht, wen. Sie wird grübeln: Mensch, woher kenne ich denn den? Wer, zum Teufel, ist das? Habe ich Alzheimer? Sie wird immer wieder fragend und forschend zu Ihnen hinüber sehen. Natürlich lächeln Sie sie in diesem Fall freundlich an. Versuchen Sie dabei bitte, den triumphierenden Gesichtsausdruck über die gelungene Aktion zu unterdrücken.

Die Wahrscheinlichkeit ist hoch, dass sie irgendwann zu Ihnen kommt und Sie fragt: «Entschuldigung, ich komme nicht drauf, woher kennen wir uns?» Dann können Sie wahrheitsgemäß antworten: «Aus diesem Café.» Bieten Sie ihr einen Platz an Ihrem Tisch an. Sie wird sich wahrscheinlich setzen, immer noch grübeln und vielleicht fragen: «Wann war das denn?»

Jetzt kommt der heikle Moment der Geschichte. Wenn Sie nämlich ganz forsch zugeben «Jetzt gerade», kann es sein, dass sie sich veräppelt vorkommt und sofort wieder abrauscht. Soziologisch gesehen ist das, was Sie gerade machen, nämlich eine «Rahmungstäuschung» – dass Sie so tun, als würden Sie die Frau kennen, ist der vorgetäuschte Rahmen – und damit eine sehr milde Form dessen, was von Fernsehteams im Namen einer «versteckten Kamera» oft veranstaltet wird.

Greifen Sie darum aus Sicherheitsgründen zu einer Notlüge: «Ich meine, ich hätte Sie hier schon mal gesehen.» Vielleicht erwidert sie jetzt: «Kann gar nicht sein», vielleicht auch: «So oft bin ich hier aber gar nicht.» Egal, was sie sagt, lenken Sie das Gespräch auf ein ergiebiges «Wo hätten wir uns denn noch begegnen können?». Da wird Ihnen beiden sicher eine Menge einfallen. Irgendeine Übereinstimmung wird sich schon finden. Jetzt liegt es an Ihnen, daraus einen gelungenen Flirt zu machen.

Die kenn ich schon! Da drüben in der Wartehalle des Bahnhofs sitzt die Süße, mit der Sie sich letzten Monat auf einer Party schon mal ganz toll über die Vor- und Nachteile von Boxershorts versus Slips mit/ohne Eingriff unterhalten haben. Und dann war sie plötzlich weg. Jetzt wäre die Gelegenheit, den Flirt von damals wieder zu beleben. Tun Sie's!

Gehen Sie zu ihr, sagen Sie «Hi» – und berühren Sie dabei sachte ihre Taille oder ihren Arm. Diese Art der Kontaktaufnahme hat sich in Studien als diejenige herauskristallisiert, die – unter bestimmten Umständen – die wohlwollendste Resonanz beim weiblichen Geschlecht hervorrief.

«Bestimmte Umstände» heißt: Die Gefahr einer Abfuhr muss von vornherein recht gering sein. Und zwar entweder, weil Sie a) die Frau bereits kennen, am besten schon einmal mit ihr geflirtet oder sich zumindest nett unterhalten haben (wobei das ja selten eindeutig zu trennen ist) oder Sie sich b) in einer Umgebung befinden, in der explizit geflirtet werden *soll*. Zum Beispiel auf einer Single-Party. Auch im Swinger-Club werden Sie so sicher schnell Erfolg verbuchen können.

In allen anderen Fällen berühren Sie Ihnen unbekannte Frauen bitte nur nach Aufforderung durch die Dame.

So allein, schönes Kind? – Warum schöne Frauen nie angesprochen werden

Ein weit verbreiteter Irrtum lautet: Die attraktivsten Frauen können sich vor Verehrern nicht retten.

Weil ja jeder Mann die schillernden Schmetterlinge haben möchte, um sich mit ihnen zu schmücken. Wer hört, dass eine von den Superattraktiven sagt: «Ich lerne nie Männer kennen», verbucht das gleich unter Koketterie. Dabei sagt die Schöne sehr wahrscheinlich die Wahrheit.

Wie kann das sein? Dass gerade die Attraktivsten nicht angesprochen werden, hat mit dem zu tun, was Kommunikationswissenschaftler «Erwartungserwartungen» nennen.

Stellen Sie sich vor, Sie sitzen in der S-Bahn einem Model-Typ gegenüber. Sie erwarten, dass dieses schöne Mädchen sich vor Angeboten kaum retten kann. Man muss sich nur mal die ganzen anderen Typen anschauen, die verstohlen zu dem Supergirl hinüberschielen. Sie sind felsenfest überzeugt: Die hat an jedem Finger zehn Minnedienstler (mindestens!) der Brad-Pitt-Kategorie. Zu dieser Kategorie zählen Sie sich – ganz bescheiden – einmal nicht. Sie erwarten also, dass das Supermodel erwartet (darum auch «Erwartungserwartung»), dass ein Mann, der sie interessieren könnte, mindestens so gut aussieht und so viel verdient wie Brad Pitt. Außerdem haben Sie sowieso den starken Eindruck von ausgeprägter Arroganz bei Ihrem Gegenüber. Ergebnis: Sie sprechen die Dame nicht an. Dasselbe denken neunundneunzig Prozent der Männer, die dem Supermodel begegnen.

Seinerseits ist das Supermodel aufgrund der verhaltenen Resonanz der Männerwelt längst nicht von seiner Supermodel-Ausstrahlung überzeugt. Zumal die meisten seiner nicht masochistisch veranlagten Geschlechtsgenossinnen eher barfuß über glühende Kohlen laufen würden, als der attraktiven Konkurrenz auch noch zu bestätigen, dass sie attraktiv ist. Weil Letzteres eine noch größere Demütigung wäre als die Sache mit den Kohlen. Dem Supermodel sagt also niemand, dass es aussieht wie ein Supermodel. Möglicherweise hält es sich sogar für unattraktiv. Und käme deswegen auch nicht auf die Idee, aktiv den Kontakt zu einem netten Mann (wie Ihnen!) herzustellen, und schaut resigniert aus dem S-Bahn-Fenster. Woher soll sie denn wissen, dass das bei einer Schönheit wie ihr arrogant wirkt?

Ergebnis: Das Supermodel bettet seinen Supermodel-Körper jeden Abend einsam in sein Supermodel-Bett, nachdem es die beste Supermodel-Freundin angerufen und gesagt hat: «Hach, ich bin so allein.»

Machen Sie diesem entsetzlichen Zustand ein Ende. Trauen Sie sich und flirten Sie mit ihr!

Raus mit der Sprache!

Das Gespräch oder: Navigation im Minenfeld

Sie haben die erste Hürde geschafft. Blicke geworfen, gelächelt, sind möglicherweise rot geworden, haben Körpersignale richtig gedeutet. Und nun stehen Sie – zum Beispiel – in der Espressobar des Buchkaufhauses, Angesicht zu Angesicht mit der schönen Frau, die Ihnen schon beim Eintreten in die Leseecke aufgefallen ist. Noch immer lächeln Sie und genießen den Moment. Doch plötzlich kommt Ihnen ein Gedanke: Was ist, wenn das Gespräch versiegt? Wenn Ihnen nichts mehr einfällt und die letzten Worte im zur Neige gehenden Espresso versinken, dem kein weiterer Espresso folgen wird, und zwar nur, weil Sie nichts mehr zu sagen wissen? Dieses himmlische Wesen wird fortgehen, und Sie werden es nie wieder sehen. Das darf nicht passieren, nein, so wahr Sie hier stehen! Und dann fangen Sie an zu reden. Sie reden einfach drauflos. Und reden. Und reden. Vor lauter Angst, das himmlische Wesen könnte gehen. Doch, oh weh, da greift das Wesen seine Tasche. Hilflos sehen Sie mit an, wie der Engel sich verabschiedet. Was haben Sie nur falsch gemacht? Nun, vermutlich haben Sie zu viel geredet.

Zuhören – so einfach erobern Sie ein Herz!

Es ist nun nicht so, dass Frauen es nicht gewohnt wären, dass Männer viel sprechen. Im Gegenteil. Eine Frau muss nur eine Polit-Talk-Sendung anmachen, um zu merken, dass Männer viel vorzutragen haben. Wissenschaftler haben mit der Stoppuhr gemessen, dass Frauen in öffentlichen Diskussionen häufig von Männern unterbrochen werden und weniger Redezeit beanspruchen. Über die Ursachen dafür wird gestritten, eine genaue Erörterung würde hier zu weit führen. Tatsache ist: Frauen haben eine große Sehnsucht nach einem Mann, der ihnen zuhört. Einfach so. Uneigennützig.

Machen Sie sich das beim Flirt zunutze. Lassen Sie die Frau sprechen. Das hat nämlich unschätzbare Vorteile:

- Sie erhalten wertvolle Informationen über Ihre Flirtpartnerin, ihr Leben, ihre Einstellungen. Sie erkennen sofort Gemeinsamkeiten, auf die Sie im weiteren Verlauf des Gesprächs zurückgreifen können, um bei der Dame das Gefühl zu erzeugen: «Wir sind seelenverwandt» – mehr zu diesem Spezialthema später.

- Sie können bereits im Vorfeld möglicher Intimitäten abschätzen, was genau Sie von ihr wollen könnten (nur diesen Flirt / eine schlaflose Nacht / eine heiße Affäre / Reihenhaus, Kombi, Kinder / das Vermögen der Dame / eigentlich doch gar nichts).
- Die erhaltenen Informationen können Sie auch benutzen, um später das Gespräch auf Gebiete zu lenken, in denen Sie besonders gut Eindruck machen können. Wenn sich etwa bereits jetzt heraus kristallisiert, dass sich die Frau für Extremsport interessiert, können Sie später von Ihrem Canyoning-Urlaub erzählen. Falls Sie merken, dass sie eher der sprichwörtliche Bücherwurm ist, von Ihrer Dostojewskij-Gesamtausgabe.
- Nur die Dame kann sich in der Zeit, in der sie spricht, um Kopf und Kragen reden. Sie nicht. Sie machen nur ein interessiertes Gesicht und einen guten Eindruck und sind völlig entspannt im Hier und Jetzt.

Darum: Lehnen Sie sich innerlich zurück. Auch wenn es ungewohnt sein mag, weil Sie vielleicht im Berufsleben eine Führungsposition innehaben und normalerweise ständig von Ihnen erwartet wird, dass Sie sagen, wo es lang geht. Überlassen Sie nach der ersten Annäherung, die Sie ja bereits erfolgreich bewältigt haben, der Frau das Ruder des Gesprächs.

Sie rudert aber nicht? Sie schweigt wie das berühmte stille, aber tiefe Wasser? Nun, gerade für schüchterne Frauen ist es ungewohnt, dass sie jetzt plötzlich sprechen sollen, weil sich bei Redepausen, die im Gespräch mit Schüchternen zunächst fast immer entstehen, meist noch der Mann verpflichtet fühlt, den Dialog in Gang zu halten. Geben Sie der Dame Starthilfe. Sie wird Ihnen später dankbar sein.

Stellen Sie sich vor, Sie sind ein Reporter und die Frau, mit der Sie hier gerade sprechen, ist ein Superstar, der zurückgezogen lebt und über den niemand Genaueres weiß.

Beginnen Sie Ihr «Interview» mit einer einfachen Warm-up-Frage, die Situations-Bezug hat. Reporter machen das genauso. In der Situation in der Leseecke können Sie sich zum Beispiel erkundigen, was sie beruflich macht, dass sie hier mitten am Tag in der Leseecke im neuen Mankell-Krimi schmökern kann. Vielleicht antwortet sie nun einsilbig: «Ich bin Meeresbiologin und habe heute meinen freien Tag.» Pause. Jetzt haken Sie nach: «Was macht man denn so als Meeresbiologin?» Werden Sie nach und nach persönlicher mit Ihren Fragen. Wenn Sie mit der Beschreibung ihrer Tätigkeit fertig ist, fragen Sie als Nächstes zum Beispiel: «Wolltest du das schon als Kind machen?» Sie werden merken, wie selbst zunächst sehr schüchterne Frauen auf diese Art und Weise nach und nach auftauen.

Allerdings nur, wenn Sie der Sprecherin vermitteln können, dass es Sie wirklich interessiert, was sie zu erzählen hat. Mit anderen Worten: Wenn Sie rüberbringen, dass Sie ein richtig guter Zuhörer sind. Und das geht so:

Die sieben goldenen Regeln für das Zuhören, das (nicht nur) Frauen bezaubert:

1. Vergewissern Sie sich, dass Sie der Dame Ihre volle Aufmerksamkeit widmen. Konzentrieren Sie sich auf Ihr Gegenüber. Denken Sie nicht an Ihre Steuererklärung und verkneifen Sie es sich, das hübsche Minirock-Mädchen hinterm Tresen (das Ihnen jetzt erst auffällt, wo Sie hier so sitzen) einer eingehenden Observation aus dem Augenwinkel zu unterziehen. Die Frau, der Sie doch zuhören wollen, wird das – bewusst oder unbewusst – in jedem Fall merken und vermutlich ins Stocken geraten.
2. Kontrollieren Sie Ihre Körperhaltung: Öffnen Sie verschränkte Arme, lehnen Sie sich leicht in Richtung der Rednerin und blicken Sie sie an. Damit Sie ihr nicht unentwegt in die Augen starren: Schauen Sie zwischendurch auf die Nasenwurzel der Dame. Nicken Sie hin und wieder als zustimmende Geste.
3. Einige Männer neigen dazu, das gerade Gehörte mit eigenen Ideen oder Erfahrungen in Verbindung zu bringen und dies dann auch sofort zu erzählen. Lassen Sie das bitte sein. Zeigen Sie Ihre Zustimmung nur mit kurzen «Mmmms» oder einem knackigen: «Kommt mir bekannt vor.» Oder lassen Sie ein staunendes: «Tatsächlich? Das ist ja unglaublich!», hören. Aber nur, sofern Sie diese Äußerungen ehrlich meinen.
4. Falls Ihnen Ihre Flirtpartnerin von einem Problem erzählt: Versuchen Sie nicht sofort, eine Lösung zu finden (auch wenn Sie eine hervorragende parat hätten) und diese dann zu äußern. Das erwartet sie gar nicht. Hören Sie ihr einfach weiter zu.
5. Ein Trick, um auch bei längerem Zuhören mit den Gedanken nicht abzuschweifen: Stellen Sie sich das Gesagte bildlich vor. Zeigen Sie dann wirkliches Interesse, indem Sie sich nach Details und Hintergründen erkundigen. Das ermutigt Ihr Gegenüber, mehr von sich preiszugeben.
6. Probieren Sie, nicht nur die vermittelten Sachlagen zu erfassen, (schließlich handelt es sich hier nicht um eine Fortbildung in Ihrer Firma), sondern widmen Sie Ihre Aufmerksamkeit auch den Gefühlen der Dame. Den Gefühlen, die die Frau vermutlich hatte, als sie das erlebt hat, wovon sie erzählt. Wenn sie etwa schildert, wie sie im Urlaub mit einem Segelboot gekentert ist, nehmen Sie nicht sofort den Ausgang der Geschichte vorweg. («Aber du bist ja offensichtlich gerettet worden, sonst

würdest du ja nicht hier sitzen.») Versuchen Sie lieber, sich selber in die Situation hineinzuversetzen, sagen Sie vielleicht: «Da hast du doch sicher Panik bekommen, oder?»

7. Wenn Sie irgendetwas nicht richtig verstanden haben: Fragen Sie nach, indem Sie wiederholen, was Sie meinen, verstanden zu haben. Das ist kein Zeichen von Schwäche, sondern macht außerordentlich sympathisch.

Wenn Sie diese Regeln beachten, werden Sie ihr mit Sicherheit gefallen. Natürlich kann es sein, dass sie sich dennoch nicht wohl dabei fühlt, sich die ganze Zeit selber sprechen zu hören (möglicherweise nur deswegen, weil sie es nicht gewohnt ist), und Ihnen immer wieder Bälle in Form von Gegenfragen zuspielt. «Was machst denn du, wenn du nicht hier im Buchladen herumsitzt?» Diese Vorlagen sollten Sie dann natürlich nicht brüsk abwehren und sagen: «Das ist doch nicht so wichtig.» Das macht die Frau nämlich sofort misstrauisch: Aha, der lässt mich hier nur labern, weil er was zu verheimlichen hat.

Nehmen Sie darum die zugespielten Bälle an und verwandeln Sie, indem Sie kurz und treffend darauf antworten. Und dann kehren Sie wieder zu Ihrem «Interview» zurück: «Aber jetzt erzähl schnell die Segelboot-Geschichte weiter. Das war so spannend.»

Sie können sicher sein: Wenn die Dame später an Ihrer beider Begegnung zurückdenkt, wird sie in sich hinein lächeln, und ihren Freundinnen wird sie erzählen: «Er war so anders. Bei ihm hatte ich das Gefühl, ich kann ihm alles erzählen, und es interessiert ihn *wirklich*.» Und die Freundinnen werden vor Neid erblassen und sich fragen, warum sie nie so jemanden kennen lernen.

Seelen-Verwandtschaft: Die Bauanleitung

Das hat schon mal gut geklappt, aber jetzt wollen Sie so richtig Eindruck bei der Dame hinterlassen? Konstruieren Sie eine Seelen-Verwandtschaft! Wenn Sie es schaffen, dass sie hinterher schwärmt: «Ich glaube, wir sind seelenverwandt», dann haben Sie bei der Kleinen so dermaßen einen Stein im Brett, da müssten Sie sich richtig anstrengen, den Stein wieder da rauszukriegen.

Aber Obacht: So eine Seelen-Verwandtschaft ist nichts für Männer, die bewundert werden wollen, und auch nichts für Kerle mit einer Phobie vor zu viel Nähe (falls eins von beiden auf Sie zutrifft, lesen Sie besser direkt beim nächsten Punkt weiter).

Seelen-Verwandtschaft, so etwas kann man doch nicht beeinflussen, meinen Sie? Oh, doch. Die Wirklichkeit, das behaupten Philosophen schon lange, ist nur ein Konstrukt. Auch eine Menge Sozialwissenschaftler und Psychologen sind dieser Ansicht. Das heißt für Sie: Wie das Konstrukt der Flirt-Wirklichkeit für Ihre Flirtpartnerin (und Sie selbst) aussieht, können Sie maßgeblich beeinflussen. Das Schlüsselwort heißt: selektive Wahrnehmung. Dieser Begriff meint die Wahrnehmung jener Gegebenheiten, auf die die Aufmerksamkeit bewusst oder unbewusst gelenkt wird. In diesem Fall bewusst. Von Ihnen!

Wenn Sie der Dame aufmerksam zugehört haben, haben Sie nun bereits einiges an wichtigen Informationen über sie gesammelt, um eine amtliche Seelen-Verwandtschaft zu bauen. So geht's:

- Die wichtigste: Sie wissen, wie Sie heißt. Bauen Sie den Namen der Dame ab und zu in Ihre Äußerungen ein: «Carola, ich kann dir gar nicht sagen, wie ich mich da gefühlt habe», oder: «Und, weißt du was, Carola, da bin ich die Treppe heruntergekommen, und dann war mein Auto weg.» Jeder Mensch hört gerne seinen Namen. Die Erwähnung des eigenen Namens durch den Gesprächspartner wirkt wie eine Liebkosung – und das ganz ohne Anfassen. Das kommt umso besser an, wenn Sie sich gerade zum ersten Mal begegnet sind und der Name der Hübschen sich Ihnen doch schon so unauslöschlich eingebrannt zu haben scheint. Das gibt jede Menge Pluspunkte und schafft eine innige Verbindung. Und die brauchen Sie sozusagen als Klebstoff für das Basteln der Seelen-Verwandtschaft. Allerdings sollten Sie es auch nicht übertreiben und den Namen in jedem Satz nennen, das klingt wiederum zu sehr nach Verkaufsgespräch.
- Eine Seelenverwandtschafts-Konstruktions-Strategie ist das genaue Gegenteil einer Toller-Hecht-Strategie: Angeben ist unter allen Umständen verboten. Und auch wenn Sie das Gefühl haben, der Lady in manchen Bereichen überlegen zu sein, sparen Sie sich unbedingt auch dezente Verweise auf das, was Sie besser können. Und fangen Sie um Himmels willen nicht an zu vergleichen, so nach dem Motto: «Toll, du läufst auch. In welcher Zeit schaffst du denn zehn Kilometer?» Das schüchtert ein und schafft Distanz. Das wollen Sie schließlich gerade auf keinen Fall!
- Das Wichtigste: Konzentrieren Sie sich unbedingt und ausschließlich auf Gemeinsamkeiten! Picken Sie sich aus dem, was sie erzählt, das heraus, was Ihren eigenen

Erlebnissen, Ansichten oder Ihren Lebensumständen am ähnlichsten ist. Sie träumt von einem Bauernhaus auf dem Land – Sie auch? Wunderbar, quatschen Sie darüber bis zum Umfallen (oder bis Sie sich für das nächste Mal beim Immobilienhändler verabreden). Sie liebt Katzen, und Sie hatten mal eine, als Sie ungefähr sechs waren? Kratzen Sie Ihre Erinnerungen über Miezi zusammen. Sie hört gerne John Coltrane – und Sie haben zumindest mal eine Platte von ihm in der Hand gehabt? Reden Sie über Coltrane im Besonderen und Jazz im Allgemeinen.

- Alle Verschiedenheiten vernachlässigen Sie erst einmal komplett, so wirken die Übereinstimmungen noch größer und bedeutsamer. Und schon sind Ihre Seelen Bruder und Schwester!

Wie Männer subtil Eindruck machen

Es gab vor einer Weile diese sehr einprägsame Banken-Werbung, in der zwei ehemalige Schulkameraden sich nach langer Zeit wieder treffen und einander ihre Erfolge im Leben anhand von Fotos präsentieren: «Mein Auto, mein Haus, mein Boot.» Dann kommt der andere und fängt genauso an, zieht aber noch zusätzliche Schmankerl aus dem Ärmel, die ihn als Sieger aus dem Wettprahlen hervorgehen lassen. Was lernen Sie daraus? Genau: Wie man andere Männer wirkungsvoll beeindruckt.

Hätten sich allerdings nicht zwei Männer, sondern ein Mann und eine ehemalige Schulkameradin getroffen und der Kerl wäre mit seinen blöden Bildchen angekommen, hätte sie sich vermutlich zurückgelehnt, ihn mitleidig gemustert und gedacht: «Mensch, was für ein Aufschneider. Früher war der doch noch ganz nett.» Ergo: Sparen Sie sich offenes Angeben für reine Männerrunden.

Frauen wollen subtiler beeindruckt werden. Es soll jetzt hier keineswegs behauptet werden, dass Frauen überhaupt nicht auf den Status eines Mannes achten würden. Das wäre grundfalsch. Natürlich: Die wenigsten Frauen würden das zugeben – manche aus Gründen der Tarnung, andere, weil es ihnen nicht bewusst ist. Trotzdem: Vordergründiges Verweisen auf Besitzverhältnisse oder geistige Kapazitäten à la Hawking werden die Ladys wahrscheinlich negativ interpretieren. Wenn ein Mann etwa mit seinem feschen Schlitten und aus dem Fenster hängenden Ellenbogen an Ihnen vorbei cruist, werden Sie denken: «Der hat's aber nötig. Welche Defizite versucht er da wohl mit zu übertünchen?» Keine Frage, dass Sie nichts zu übertünchen haben. Darum sollten Sie auch nicht in diesen Verdacht geraten.

Die entscheidende Frage ist darum jetzt: Wie beeindruckt man subtil?

Richtig, mit den vier Grundtugenden des erfolgreich flirtenden Mannes: Understatement, Intelligenz, Charme, Humor.

Understatement Understatement ist die Kunst, eine reizvolle Sache noch reizvoller erscheinen zu lassen, indem man sie nett verpackt und mit Bescheidenheit überreicht. In etwa so, wie eine in raffinierte Seidendessous gehüllte Lady ihre körperlichen Vorzüge noch viel mehr betont, als sei sie einfach nur nackt. Verpacken auch Sie Ihre Vorzüge. Nein, nicht (oder nicht nur) die körperlichen.

Verhüllen Sie alles, was Sie zu bieten haben, und lassen Sie es Ihre Flirtpartnerin entdecken! Wie das geht? Ganz einfach. Falls Sie zu den besser Verdienenden gehören, verstecken Sie zunächst Ihre Ferrari-Schlüssel in Ihrer Jackentasche und legen Sie die Rolex in den Safe. Im Gespräch verzichten Sie dann auf direkte Hinweise auf Ihre Habseligkeiten. Aber auch wenn es keine materiellen, sondern eher ideelle Dinge sind, mit denen Sie glänzen können: Direkte Erwähnungen sind tabu. Flechten Sie vielmehr dezente Verweise in Ihre Äußerungen ein, und zwar immer vom Allgemeinen zum Besonderen.

Angenommen, Sie möchten, dass die Kleine zur Kenntnis nimmt, dass Sie die tollste Südfrankreich-Villa besitzen, seit es Südfrankreich-Villen überhaupt gibt. Dann wäre die Villa das hervorzuhebende Besondere. Das Allgemeine wäre das Umfeld der Villa, nämlich Südfrankreich. Damit müssen Sie anfangen. Erzählen Sie von Ihren Urlauben – ohne den 50-Meter-Pool und den offenen Kamin ins Feld zu führen. Erwähnen Sie stattdessen die schönen Strände der Côte d'Azur, die lauschigen Pinien-Wälder, die hervorragenden Weingüter, die Ausgrabungen aus der Römerzeit, die faszinierende Tierwelt. Will sagen: Geben Sie sich, total neutral, als Kenner der Gegend. Verzichten Sie dabei unbedingt auf Name-Dropping («Mit dem Sohn vom Schwippschwager von Belmondo spiel ich immer Golf.») oder das plakative Erwähnen bestimmter Nobeladressen («Wenn ich einen Abstecher nach Cannes mache, ist für mich immer eine Suite im Carlton reserviert.») – und das alles unbedingt auch dann, wenn's stimmt.

Wenn Sie so von Südfrankreich schwärmen, ganz allgemein, wird Ihre Zuhörerin von selbst irgendwann sagen: «Du kennst dich aber gut da aus. Bist du da häufiger?» Geben Sie dann – in aller Bescheidenheit – zu: «*Ich habe das große Glück*, dass unsere Familie dort ein Haus besitzt.»

Wenn Sie etwas als «großes Glück» bezeichnen, zeigen Sie Ihrer Zuhörerin immer, dass Sie eine gewisse Demut gegenüber dem Leben besitzen. Das wird Sie zu schätzen wissen: Einer, der dankbar ist für das, was er hat, wird (so die weibliche Folgerung) auch nie eine Frau als eine Selbstverständlichkeit betrachten oder behandeln.

Machen Sie also ruhig ein freudiges Gesicht. (Zur Orientierung: In etwa so wie kleine Kinder, wenn sie eine Sandburg fertig gebaut haben.) Nur fürchterliche Snobs tun in so einem Moment so, als sei etwas nix Besonderes, worauf sie eigentlich stolz wie Oskar sind. Und Sie sind kein Snob, merken Sie sich das! Und wenn Sie bis heute einer waren, ist damit jetzt Schluss.

Sie haben keine Villa? Das war ja nur ein Beispiel. In allen anderen Bereichen funktioniert Understatement genauso:

Wenn Sie auf Ihr Superstudium in Germanistik hinweisen wollen, erzählen Sie vielleicht zunächst von Ihrer früh entwickelten Liebe zum Lesen, Ihrer Literatur-Pilgertour nach Weimar und Ihrem Schätzchen: einer Fontane-Ausgabe von 1898. Lassen Sie in homöopathischen Dosen ein passendes Goethe-Zitat («Das ist des Pudels Kern.») oder einen Spruch eines anderen großen Schriftstellers oder Philosophen fallen. (Vermeiden Sie allerdings zynische Nietzsche-Sprüche à la: «Gehst du zum Weibe, vergiss die Peitsche nicht.» Das könnte nach hinten losgehen.) Früher oder später fragt sie garantiert: «Hast du das studiert?»

Auch einen «Weltmeister im Tiefseetauchen» leiten Sie ein, indem Sie ganz allgemein von Ihrer Faszination für das Meer erzählen und ihrer früh begonnenen Liebe zum Wasser und vielleicht Ihrem ersten Wassersporterlebnis ohne Schwimmflügel. Sie wird sich erkundigen: «Wo du das Meer so liebst, bist du heute sicher auch noch häufig dort, oder?» Und dann erzählen Sie von Ihrem letzten Wettkampf, in dem Sie den Meistertitel errungen haben.

In jedem Fall gilt: Machen Sie die Süße neugierig, locken Sie sie aus der Reserve. Irgendwann wird sie nachhaken. Und dann: Punkt für Sie!

Clever und smart Frauen wollen – mehr als alles andere – schlaue Männer. Da kann das Waschbrett noch so sexy zwischen Jeans und T-Shirt blitzen, wenn er ihr dumm (vor)kommt, hat er keine Chance.

Eine mögliche Erklärung dafür: Humangenetiker haben jüngst festgestellt, dass die Intelligenz-Gene nur auf den weiblichen X-Chromosomen liegen. Das bedeutet jetzt nicht, dass Männer dümmer sind – schließlich haben auch Jungs ein «weibliches» X-Chromosom neben dem Y. Die Folgerung, die die Forscher aus ihrer Entdeckung ziehen, ist vielmehr die: Menschenweibchen suchen sich immer die schlauesten Männchen (die idealerweise natürlich zusätzlich noch spitzenmäßig aussehen) – während in der Tierwelt meist nur die buntesten, schnellsten und stärksten den Wettlauf um das Weibchen gewinnen.

Auch Beobachtungen des weiblichen Flirtverhaltens und Befragungen der Damenwelt legen nahe: Die Mädels stehen auf Intelligenz (oder was sie dafür halten). Und, Heiratsschwindler, aufgepasst, Umfragen haben ergeben: Je höher das Einkommen der Frau, umso intelligenter soll ihr Wunschpartner sein.

Trotzdem können Sie davon ausgehen, dass Frauen bei einem Flirt in der Regel nicht sofort einen Intelligenztest auspacken, um Ihren wahren IQ zu messen. Auch kommt es Ihrerseits eher uncool, sofort damit herauszuplatzen, dass Sie Mitglied im MENSA-Club sind, der nur Hochbegabte in seine Reihen aufnimmt. Vielmehr geht es darum, bei allem, was Sie tun, möglichst intelligent zu *wirken*. Das Problem: Selbst überdurchschnittlich schlaue Menschen können, sei es aus Trotteligkeit, sei es aus Bescheidenheit, weniger smart wirken, als sie eigentlich sind. Das ist in einem Flirt der größte Fehler überhaupt.

Die wichtigste Maßnahme: Bekämpfen Sie Ihre Nervosität. Wenn Ihre Gedanken nur darum kreisen, einen möglichst tollen Eindruck zu machen, und Sie darüber nachsinnen, was theoretisch alles schief laufen kann, ist gemäß dem Gesetz der «Self-Fulfilling-Prophecy» die Wahrscheinlichkeit groß, dass tatsächlich alles schief läuft. Außerdem werden Sie im Zustand starker Aufregung vermutlich weniger geniale Geistesblitze von Einstein-Format haben, als wenn Sie entspannt am Tresen lehnen. Und Slapstick-Einlagen wie etwa umgekippte Gläser, Stolpern über kleinste Hindernisse oder eine sich überschlagende Stimme sind zwar kein Weltuntergang, wirken aber auch nicht besonders souverän.

Sollten Sie also plötzlich merken, dass die Aufregung in Ihnen hochsteigt, weil diese göttliche Frau mit den Wangengrübchen Ihnen tatsächlich ihre Aufmerksamkeit schenkt, hilft folgende kleine Übung:

- Halten Sie inne, sagen Sie innerlich zu sich selbst: Maschinen stopp!
- Lassen Sie die Schultern locker nach unten fallen. Merken Sie, wie Sie sie unbewusst angespannt haben? Atmen Sie ganz tief in den Bauch ein.
- Halten dann kurz, zwei, drei Sekunden, die Luft an und atmen anschließend ganz langsam wieder aus. (Wenn die Süße gerade ihre Nase pudern gegangen ist, dürfen Sie auch die Augen schließen.)
- Stellen Sie sich beim Ausatmen ein Thermometer vor, dessen Wert Ihre Aufregung

anzeigt und das nun wie bei einem Temperatursturz von einem hohen Level schnell, aber stetig auf Normalwerte sinkt.

- **Sagen Sie zu sich selbst: «Mir kann nichts passieren.»**

Jetzt sind Sie die Lässigkeit in Person. Die Übung wirkt übrigens auch im Job.

Im Gespräch sollten Sie anschließend ab und zu Ihre Allgemeinbildung durchscheinen lassen. Allerdings ohne anzugeben. Wer gebildet ist, und das an der einen oder anderen Stelle des Gesprächs hervorblitzen lassen kann, wirkt fast immer intelligent. Natürlich, Wissen und Intelligenz sind zwei verschiedene Paar Schuhe. Aber je gebildeter Sie sind, desto sicherer treten Sie auf. Und Sicherheit, sofern sie nicht gepaart ist mit Dummdreistigkeit, erscheint immer intelligent.

Sie müssen sich aber nicht unbedingt zum Abendstudium anmelden, um Ihr Wissen ein wenig aufzupeppen. Eine gute Portion Allgemeinbildung erwerben Sie bereits über die Lektüre einer qualitativ hochwertigen Tageszeitung, sofern Sie nicht nur die Titelseite lesen. In Bereichen wie Geschichte, Literatur, Kunst, Musik, Philosophie und so weiter ist es ohnehin unmöglich, über alles Bescheid wissen. Aber man sollte – bei allem Mut zur Lücke – zumindest versuchen, sich hier und da ein bisschen anzueignen. Seien Sie interessiert, besuchen Sie Ausstellungen, Konzerte und Theaterstücke. So ergibt sich, ganz nebenbei, auch immer wieder die Gelegenheit zum Flirt.

Lesen Sie zusätzlich zu Ihrer Tageszeitung überregionale Wochenblätter, die oft viel mehr Hintergrundinformationen bieten. Schauen Sie im Fernsehen statt der täglichen Soap lieber einen der Kulturkanäle. Legen Sie sich anstelle des Fußball-Fachmagazins bildungsrelevante Lektüre aufs stille Örtchen. Das kann ein Werk zur europäischen Geschichte oder der Kunst des 20. Jahrhunderts sein oder einfach nur der Weltatlas, mit dem Sie Ihre Geographie-Kenntnisse verfeinern – oder alles zusammen. Wenn Sie ein bestimmtes Thema dann besonders interessiert – zum Beispiel die Kunstepoche der «Klassischen Moderne» –, forschen Sie weiter. Besorgen Sie sich Bücher, belegen Sie Kurse, stöbern Sie im Internet. Sie werden sehen: Nach und nach wächst Ihr Wissen. Und mit dem Wissen auch Ihr Selbstbewusstsein in Gesprächen. Nicht nur beim Flirten!

Achtung: Versuchen Sie aber nie, so zu tun, als wüssten Sie etwas, wovon Sie keine Ahnung haben. Das fliegt schneller auf, als Ihnen lieb ist.

Dem Charmeur ist nichts zu schwör Charme ist zum Flirten wesentlich. Ohne Charme nützt die tollste Bildung nix, die klügsten Bemerkungen und die beste strategische Annäherung an die Frau Ihrer Träume.

Das Zauberwort des charmanten Mannes ist *Interesse*. Und zwar nicht (nur) das Interesse am schicken Unterbau und dem ansehnlichen Balkon der Dame und auch nicht (nur) das Interesse an einer weiterführenden Besichtigung und Begutachtung dieser Augenfälligkeiten. Interesse meint: Interesse an *allem*. Daran, was die Dame im Kopf hat, wie sie lächelt, wie sie an der Zigarette zieht, Interesse an der Länge ihrer Wimpern, ihrer Position in der Hockey-Mannschaft, ihrem Lieblingsfilm. An allem eben, was irgendwie mit der Süßen zusammenhängt.

- Eine der wichtigsten Bedingungen des Charmeurs haben Sie darum schon erfüllt, wenn Sie *zuhören* können. Wie das geht, wissen sie bereits. Eine Steigerung des Zuhörens ist übrigens das *Behalten*. Wie charmant, wenn Sie beim Date, das vielleicht auf den Flirt folgt, sagen können: «Erzähl mir noch mehr von deiner Südafrika-Reise, das klang so faszinierend.» Uncharmant hingegen: «Warst du schon mal in Afrika?» Und das nur, weil Sie vergessen haben, dass sie Ihnen gestern bereits von ihrer Kapstadt-Tour berichtet hat.
- Die zweite wichtige Eigenschaft des Charmeurs ist das *Lächeln*. Das echte. Auch das kennen Sie schon. Zur Erinnerung: Nicht permanentes Showmaster-Gegrinse ist gemeint, sondern ein aufrichtiges die Mundwinkel umspielendes «kleines» Lächeln, das immer mal wieder aufflackert wie ein wärmendes Feuer. Gerne in Verbindung mit einem schelmischen Blick schräg von unten (verhaltenspsychologisch gesehen ist Letzterer übrigens eine Erfolg versprechende Unterwerfungsgeste des Menschenmännchens beim Umwerben des Menschenweibchens).
- Nummer drei ist die zuvorkommende *Höflichkeit*. Frauen sind höfliches Verhalten von Männern im Alltag heutzutage kaum mehr gewohnt, erwarten es auch nicht – und freuen sich umso mehr darüber. Zur Hilfe eilen, wenn etwas hinfällt, Koffer schleppen, aus Jacken helfen, es gibt ja so viele Gelegenheiten, der Dame zu zeigen, dass Sie Respekt und Achtung vor ihr haben. Und jede kleine höfliche Geste hebt Sie von den vielen uncharmanten Tölpeln ab.
- *Die Geheimwaffe des Charmeurs sind jedoch die Komplimente!* Casanova beherrschte diese Kunst in Perfektion. Tun Sie es ihm gleich. Wie das geht? Lesen Sie weiter.

Die Kunst des Kompliments Komplimente sind verbale Geschenke, die einer Frau Flügel geben und ihr ein Lächeln aufs Gesicht zaubern. Leider sparen gerade deutsche Männer mit diesen kostenlosen Gaben. Oft, weil Sie fürchten, die Süße könne sich irgendwas darauf einbilden. Ganz anders französische und italienische Männer. Die können der Damenwelt gar nicht häufig genug mindestens ein «Ciao, bella!» oder «Oh, là là» entgegenschleudern – manchmal wirkt das schon inflationär. Wie in fast jedem Fall ist der Mittelweg der beste. Und natürlich gibt es bessere Komplimente und schlechtere.

Ihr Weg zum perfekten Kompliment:

- Wählen Sie immer die Umleitung, um ihr zu sagen, was Sie schön oder bewundernswert an ihr finden. Das heißt: Verteilen Sie nicht gedankenlos Standardfloskeln wie «Du hast schöne Augen». Fast jede Frau hat schöne Augen und hat das zum ersten Mal in der fünften Klasse von Malte aus der letzten Reihe gehört, nachdem er mittels eines Bombardements aus Papierkügelchen ihre Aufmerksamkeit erhaschen konnte. Seitdem ist das Kompliment weder neu noch besonders aufregend. Wenn Sie also sagen wollen «Du hast schöne Augen», sagen Sie besser staunend (und natürlich während Sie ihr in die Augen schauen): «Mensch, hast du farbige Kontaktlinsen? Oder ist diese Wahnsinnsfarbe etwa echt?»
- Das ideale Kompliment finden Sie, indem Sie nach Details suchen, die nicht sofort ins Auge fallen und die Einzigartigkeit der Frau betonen. Wenn Sie etwa einer Lady mit D-Körbchen-BH auf die Oberweite blicken und anschließend sagen: «Ich finde, du siehst sexy aus», ist das nicht nur einigermaßen unkreativ, sondern auch inhaltlich voll daneben. Spätestens nach der Passage einer beliebigen Baustelle wird die Dame wissen, dass ihr Busen ins Auge fällt. Loben Sie lieber den Schwung ihrer Oberlippe oder die entzückende Form ihres Ohrläppchens.
- Bei Frauen, die äußerlich *einem bestimmten Klischee* entsprechen, steuern Sie mit Ihren Komplimenten dagegen. So hört zum Beispiel der eher intellektuell wirkende Typ «zugeknöpfte Sekretärin» sicher noch lieber etwas über seine phantastischen Beine als die durchtrainierte Aerobic-Queen. (Achtung: Nicht «Du hast phantastische Beine» sagen – siehe oben. Besser wäre zum Beispiel: «Mit welcher Eleganz du die Beine übereinander schlägst.») Von Blondinenwitzen geplagte Frauen erfreuen Sie mit der kompletten Ignorierung ihrer Haarfarbe. Laben Sie sich an ihrer Eloquenz, ihrem geistreichen Witz – und sagen Sie ihr das.
- Geben Sie ihr das Gefühl, die *atemberaubendste Frau* zu sein, der Sie je begegnet

sind. Oft muss ein Kompliment nicht mal als Satz formuliert sein, um anzukommen. Ein atemloses «Wow!», wenn Ihnen die Dame in die Augen schaut oder Sie anlächelt, sorgt hundertprozentig für Gänsehaut. Lässt sich übrigens nicht nur bei Frauen anwenden, die Sie theoretisch als Paarungspartnerin interessieren. Anerkennende (aber keineswegs anzügliche) Blicke, dazu ein fassungsloses Kopfschütteln vor so viel Attraktivität – und die Lady beginnt zu schweben. So verbessern Sie im Übrigen auch Ihr Standing bei Ihrer Finanzfachfrau oder Ihrer Gemüsehändlerin – und kriegen vielleicht ein paar Zinsen (oder Möhren) extra.

- *Superattraktive Frauen* sind ein Spezialfall. Jeder Kerl nimmt an, diese Überfrauen müssten doch ständig zu hören bekommen, wie toll sie aussehen. Und dann schweigen die Herren, weil sie nicht wie – vermeintlich – alle anderen reagieren wollen. Resultat: Die Attraktiven werden angeglotzt, aber nicht angesprochen, und Komplimente kriegen immer nur die Mittelprächtigen. Am besten kombinieren Sie hier Komplimente, die nicht-optische Eigenschaften der Dame betreffen («Ich bin noch nie jemandem begegnet, der eine spanische Speisekarte betörender vorlesen konnte.»), mit dezenter Anerkennung äußerer Attribute (siehe oben).
- Setzen Sie auf *Qualität statt* auf *Quantität*. Ihre Komplimente sind Juwelen, und die wirken umso kostbarer, wenn Sie nicht zu viele auf einmal schenken. Ein paar exakt auf die Frau abgestimmte Nettigkeiten sind hundertmal besser als eine Flut von Schmeicheleien. So etwas wirkt schnell unglaubwürdig und bringt Sie in den Verdacht, getreu dem Spruch «Wer ficken will, muss freundlich sein» zu handeln.
- Seien Sie *ehrlich*. Nur Komplimente, die ernst gemeint sind, kommen an. Aber wenn Ihnen die Dame von vornherein so positiv aufgefallen ist, werden Sie schon ein paar Dinge zu sagen haben.

Humor Warum finden Frauen optisch eher im Mittelfeld anzusiedelnde Männer wie Woody Allen oder Helge Schneider sexy? Sicher, diese Jungs sind erfolgreich und wahrscheinlich auch nicht arm. Dennoch: Das Geheimnis der Attraktivität dieser Herren heißt natürlich Humor. Humor ist eine sehr anziehende Eigenschaft. Doch Achtung: Echter Humor hat nichts damit zu tun, dass jemand toll Witze erzählen kann oder T-Shirts mit kopulierenden Skeletten trägt. Und, wie bereits erwähnt, verraten «originelle» Anmachsprüche nicht unbedingt, dass ihr Verwender besonders hintergründig durchs Leben geht.

Zu viel Subtilität ist allerdings auch nicht gefragt, zumindest nicht beim ersten Flirt. Zwar gibt es kaum etwas Verbindenderes als das Gefühl, über dieselben Dinge lachen zu können. Doch gerade, wenn Sie aus Erfahrung wissen, dass die eigenen intelligent-witzigen Bemerkungen ab und an dann doch nicht so ankommen wie beabsichtigt, sollten Sie selbige vorsichtig dosieren. Ironie oder gar Zynismus können, wenn man sich noch nicht so gut kennt, ziemlich nach hinten losgehen, weil manchmal genau das Gegenteil von dem verstanden wird, was gemeint ist.

Doch was heißt Humor beim Flirten dann? Nun, die wichtigste Voraussetzung, um humorvoll zu erscheinen, ist die Fähigkeit, über sich selbst zu lachen. Nicht umsonst haben bekannte Comedians den meisten Erfolg mit Nummern, in denen sie sich selbst durch den Kakao ziehen.

Ein humorvoller Mensch verlangt weder von sich selbst, noch von den Menschen in seinem Umfeld Perfektion. Wer ständig Angst hat, etwas falsch zu machen, kommt verkrampft und verbissen rüber. Wer sein Entsetzen darüber nicht verbergen kann, dass die Dame nicht weiß, dass Ludwig Wittgenstein ein Philosoph war, wirkt eher pedantisch als sympathisch. Und wer sofort pikiert die Augen verdreht, weil der Gesprächspartnerin die Cocktail-Olive in den Martini plumpst, muss sich nicht wundern, wenn die Dame demnächst lieber mit anderen Jungs Cocktails trinkt. Beweisen Sie also Humor und Generosität, indem Sie

- tolerant sind Ihrer Flirtpartnerin und sich selbst gegenüber;
- sich vergegenwärtigen: Nobody is perfect! Und: Man kann und muss nicht alles wissen!
- Verständnisvoll (nicht hämisch) über Missgeschicke schmunzeln (nicht lauthals lachen). Ein Malheur kann schließlich jedem mal passieren.
- Ihrer Flirtpartnerin das Gefühl vermitteln: Fehler sind dazu da, gemacht zu werden, meiner Sympathie für dich tut das keinen Abbruch.

Und schon wirken auch Sie selbst sympathisch!

Vom lahmen Lebenslauf zur wilden Vita

Gerade hat die Schöne, die Sie soeben auf der Party kennen gelernt haben, noch von ihrem Praktikum in einer angesagten Event-Agentur in Paris erzählt, dann von ihrem irre interessanten Kunstprojekt, das sie mit international bekannten Fotografen, Tänzern und weiß-der-Himmel-wem-noch-alles in London und New York realisieren will, da sagt sie aus heiterem Himmel: «Und jetzt erzähl mal was von dir.»

Ihnen wäre fast Ihr Sektkelch aus der Hand gefallen. Ihren Job finden Sie im Gegensatz zu den schillernden Ausführungen der Dame eher unaufregend. Dass Sie in Ihrer Freizeit joggen, Ihre Ausbildung als Bürokaufmann mit Bravour gemeistert und als Kind mal Blockflöte gespielt haben, halten Sie auch für ungeeignet, um Ihre eigene Person in ein attraktives Licht zu rücken. Also entschuldigen Sie sich und gehen aufs Klo.

Schade! Denn es lässt sich aus fast jeder unscheinbaren Biographie etwas Aufregendes machen.

Nehmen Sie Ihren Beruf, Ihren Lebenslauf, Ihre Interessen und plustern Sie die Fakten ein wenig auf. Und zwar, ohne die Wahrheit aus den Augen zu verlieren – schließlich müssen Sie sich beim nächsten Date noch daran erinnern, was sie alles erzählt haben.

- Zunächst zu Ihrem Job. Übersetzen Sie Ihre Berufsbezeichnung ins Englische. «Office Administrator» hört sich interessanter an als «Bürokaufmann», «Office Manager» besser als «Sekretär». «Life Guard» klingt verwegen nach Malibu, während «Bademeister» Assoziationen an Fußpilz im städtischen Hallenbad aufkommen lässt. Falls Sie nicht wissen, wie Ihr Beruf auf Englisch heißt, sagen Sie, Sie sind «Project Manager». Das passt fast immer.
- Zu Ihren Hobbys. Nehmen wir zum Beispiel Ihre zwar sehr gesunde, aber auf den ersten Blick unspektakuläre Freizeitaktivität «Jogging». Daraus wird im Handumdrehen: «Ich bereite mich auf den nächsten Stadtmarathon vor.» Vielleicht war Ihnen das bisher noch nicht bekannt, aber erstens heißt «Vorbereiten» nicht zwingend «Teilnehmen». Zweitens lässt dieses Ziel Ihr Traben im Stadtwald gleich in neuem Glanz erscheinen. Außerdem: Die Bewegung wird Ihnen gut tun.
- Dinge, die Sie relativ selten machen, die aber gut klingen, dürfen Sie guten Gewissens als Hobbys anführen. Sie waren mal mit einem entfernten Bekannten auf der Ostsee zwei Stunden segeln (wobei Sie die meiste Zeit über der Reling gehangen und gereihert haben). Hervorragend! Sagen Sie der Wahrheit entsprechend: Ich gehe hin und wieder segeln. Wenn das auf Interesse bei der Dame stößt, können Sie sich ja immer noch zu einem Kurs anmelden. Vielleicht ja mit ihr zusammen?
- Ihre Mutter hat sie früher gezwungen, Blockflöte zu lernen. Mit aufregenden Banderfahrungen können Sie darum nicht dienen. Doch, halt, stimmt doch gar nicht! War da nicht das einminütige Blockflötensolo anno 1986 beim Schulfest direkt vor den «Humboldt Pistols», der verruchten Schulband? Wunderbar. Machen Sie daraus: Sie waren Gastmusiker bei einem Festival. Nun ja, gewissermaßen.

- Auch ein einziges angefangenes Studiensemester, nach dem Sie schnell die Brocken hingeschmissen haben, lässt sich darstellen als: «Ich habe mal Japanologie / Molekularbiologie / Sportwissenschaft studiert.» Unwahrscheinlich, dass sie sofort nachfragt: «Und? Wann hast du abgeschlossen?»

Achtung: Achten Sie peinlich genau darauf, dass Sie sich nicht zu weit von der Wahrheit entfernen. Grobe Lügen verzeiht keine Frau. Und vielleicht werden Sie die Dame ja auch wieder sehen. Falls sie Ihren leichten Übertreibungen dann auf die Schliche kommt, sagen Sie: Da hast du irgendwas falsch verstanden! Sollten Sie doch ein wenig zu dick aufgetragen haben und sie kommt dahinter: Geben Sie zu, dass Sie ihr um jeden Preis gefallen wollten, weil Sie sie doch so toll fanden und darum die Tatsachen ein wenig ausgeschmückt haben. Schauen Sie sie dabei so schuldbewusst und so kleinjungenhaft wie möglich an. Das weckt Muttergefühle und vertreibt Ärger aus dem Herzen (beinahe) jeder Frau.

Behaupten Sie außerdem nie, dass Sie irgendetwas meisterhaft beherrschen, wenn das nicht stimmt. Es reicht, wenn Sie erwähnen, dass Sie sich mit etwas beschäftigen. Am besten erwägen Sie die tatsächliche Ausübung attraktiver Freizeitaktivitäten. Anregungen dazu finden Sie im Abschnitt «Flirt-Katalysatoren».

Öhm, äh, ja – Gesprächsthemen für alle Fälle

Sie stehen Ihrer Traumfrau Auge in Auge gegenüber. Ihnen ist es in unnachahmlicher Genialität gelungen, den Kontakt zu knüpfen: Sie haben eine Bemerkung zum Workshop gemacht, an dem Sie beide teilnehmen. Über den Workshop haben Sie dann ein paar Minuten gesprochen und sich noch erzählt, wo Sie herkommen und was Sie beruflich machen – dann fiel Ihnen nichts mehr ein. Und der Traumfrau auch nicht! Wenn Sie sich nicht stundenlang stumm anstarren möchten, muss jetzt ein neues Thema her. Gut, wenn Sie da bereits etwas in petto haben. Einige Anregungen:

Sternzeichen Sternzeichen und Horoskope sind immer ein sehr dankbares Flirt-Thema. Nicht zu ernst und dennoch sehr persönlich. Auch wenn keine Frau ihre Hand dafür ins Feuer legen würde, dass die glühenden Gesteinsbrocken im All etwas mit dem eigenen Schicksal zu tun haben, sind die Mädels der Ansicht: Es könnte ja doch was dran sein. Zumindest theoretisch. Die Vorstellung, dass eine gütige höhere Macht das eigene Schicksal lenkt und vielleicht sogar amouröse Begegnungen arrangiert, ist einfach zu verlockend. Sie wird begeistert sein, wenn dann so eine amouröse Begegnung (also Sie!) auch noch etwas verlegen vorbringt: «Entschuldige, erlaubst du eine indiskrete Frage? Was bist du für ein Sternzeichen? Nicht, dass ich wirklich daran glaube, aber interessieren würde es mich trotzdem …» Schon sehen Sie ein entzückt-verklärtes Lächeln auf dem Gesicht Ihres Gegenübers, wenn es nun entgegnet: «Rate mal!» Genau das haben Sie befürchtet? Sie kennen sich doch überhaupt nicht aus? Macht nichts! Nennen Sie das Sternzeichen der Person, an die die Dame Sie durch irgendeine (positive) Eigenschaft erinnert. Falls Ihnen keine Vergleichsperson einfällt, nennen Sie das Sternzeichen einer Frau, die Sie mal sehr beeindruckt hat. Schließlich beeindruckt Sie diese Frau hier ja gerade auch! Achtung: Wenn sie Ihnen nun sagt, sie sei «Jungfrau», versagen Sie sich bitte jede Bemerkung im Stil von «Ach, ehrlich? Immer noch?». Dieser Witz wird ihr weder neu sein, noch wird sie ihn lustig finden.

Gut kommt es an, wenn Sie ihr nun erzählen, dass Sie mit Vertreterinnen ihres Sternzeichens nur Positives verbinden und Ihr eigenes Sternzeichen offenbar mit ihrem Sternzeichen hervorragend zusammenpasst. Aber geraten Sie bitte nicht über Ex-Freundinnen oder unerreichte Lieben ins Schwärmen, dann wird sie denken, sie sei nur zweite Wahl.

Falls Sie jetzt gerade auf die Idee gekommen sind, sich zum Astrologie-Experten weiterzubilden, um mit Zusatzwissen über Häuser, Monde und Aszendenten aufzutrumpfen: Vergessen Sie das bitte sofort wieder. Es reicht vollkommen, wenn Sie zu diesem Thema ein Halbwissen haben, das Sie sich in Zeitschriften (im Wartezimmer beim Arzt) oder durch Aufdrucke (auf Würfelzucker) angeeignet haben. Männer, die zu gut über ein esoterisches Thema Bescheid wissen, wirken auf viele Frauen schnell als Spinner. Um nicht in diesen Verdacht zu geraten, betonen Sie zwischendurch immer, dass Sie diesen ganzen Tierkreiszeichen-Kram zwar faszinierend finden, aber im Grunde doch nicht dran glauben.

Tagesgeschehen Natürlich sollten Sie nicht nur des Flirtens wegen stets über die Geschehnisse in der Welt zumindest grob informiert sein. Wenn Sie gerade wenig Zeit haben, hören Sie vielleicht nur die Radionachrichten eines überregionalen Senders. Das ist besser als nichts. Die brauchbarste Informationsquelle fürs Tagesgeschehen ist und bleibt allerdings eine gute Tageszeitung. Denken Sie darum ernsthaft über ein Abonnement nach, falls Sie noch keines haben. So können Sie sich schon beim Frühstück für den Flirt am Abend rüsten.

Die Seiten, über die es sich am besten unterhalten lässt, sind aber nicht die zur Politik. Mit eindeutigen Statements pro oder contra einer politischen Entscheidung/religiösen Gruppe/der letzten Wahl usw. können Sie hier schnell eine ablehnende Haltung provozieren. Sie wissen ja nicht, wie Ihre Flirtpartnerin da gepolt ist. Und Sie wollen doch flirten und nicht ein Presseclub-Streitgespräch führen, nicht wahr?

Konzentrieren Sie sich lieber auf Rubriken wie «Vermischtes» und «Aus aller Welt». Dort steht allerlei Kurioses, über das es sich wunderbar sprechen lässt. Gut eignen sich auch die Reise-Seiten oder die Wochenendbeilage. Wenn Sie den Artikel über den einsamen Leuchtturm in Norwegen kurz referieren, kann das die Dame auf romantische Ideen bringen.

Eine weitere ergiebige Informationsquelle ist das Feuilleton. Über kulturelle Ereignisse wie Theateraufführungen, Ausstellungen oder hoch gelobte Filme Bescheid zu wissen macht einen guten Eindruck. Und vielleicht lässt sich hier ja schon ganz locker die nächste Verabredung einleiten?

Der Schwank aus dem Leben Die Geheimwaffe unterhaltsamer Gesprächspartner sind Anekdoten aus dem eigenen Leben. Ob das die spektakuläre Begegnung mit einer berühmten Persönlichkeit ist, Ihre gefährlichen Abenteuer bei einer Amazonas-Kreuzfahrt oder die Geschichte, wie Sie als Kind auf dem Bahnhof vergessen wurden, ist ganz gleich. Wichtig: Schmücken Sie alles in schillernden Farben aus und sparen Sie nicht an aufregenden Details wie dem bedrohlichen Blick der brasilianischen Schlange, kurz bevor Sie ihr den Hals umgedreht haben.

Erzählen Sie, wie Sie am Flughafen von San Francisco wegen eines Triebwerkschadens einen ganzen Tag festgesessen haben, wie Sie gebangt haben, ob das Flugzeug, an dem völlig ungeniert direkt neben dem Gate herumgeschraubt wurde, Sie jemals heil nach Hause bringen würde. Wie Sie als Entschädigung von der Fluggesellschaft ein Upgrade in die First Class erhalten haben, wo Sie wiederum zwei Reihen hinter Al Pacino gesessen haben, dem Sie mit dem wirklich erstklassigen Bordeaux zugeprostet haben.

Sie dürfen bei solchen nicht nachprüfbaren Kleinigkeiten ruhig ein bisschen übertreiben. Ob der Italo-Typ im Flugzeug jetzt wirklich Al Pacino war oder nicht, und die First Class eigentlich die Business Class und der 78er-Bordeaux eigentlich ein 2000er-Cabernet war, kratzt am Ende niemanden und ist keine wirkliche Lüge, würzt aber Ihre Geschichte. Und seien Sie begeistert, während Sie erzählen. Das steckt an.

Mit Details sind allerdings nicht langatmige Schilderungen gemeint, die Ihre Zuhörerin eher einschläfern als fesseln («Und dann habe ich die Flughafen-Toilette gesucht. Das hat ungefähr fünfundzwanzig Minuten gedauert. Dann habe ich mir eine Cola gekauft. Damit habe ich mich in die Abflughalle gesetzt ...»). Erzählen Sie nach dem Motto: Jeder Satz ein Treffer! Und üben Sie das Anekdoten-Erzählen. Allerdings nicht unbedingt im Kreise Ihrer rein männlich besetzten Hobby-Fußballmannschaft, sondern besser in der gemischtgeschlechtlichen Clique. Was hier – sozusagen unter Realbedingungen – ankommt (auf die Reaktionen der weiblichen Zuhörer achten!), dürfen Sie auch beim Flirten mit gutem Gefühl einsetzen.

Worüber Sie nie zu gut Bescheid wissen sollten

- *Über das Fernsehprogramm.* Wer jede Sendung en detail kennt, von der mittäglichen Talkshow über die fragwürdige Vorabendserie bis hin zur langweiligen Samstagabendshow, outet sich selbst als intellektueller Dünnbrettbohrer, der mit seiner freien Zeit nichts Besseres anzufangen weiß.
- *Über Esoterik.* Dass ein Mann zwar ein bisschen, aber doch nicht allzu gut über Horoskope Bescheid wissen sollte, wurde bereits erwähnt. Allerdings bietet das esoterische Themenfeld noch weitere Fettnäpfchen. Ein Mann, der hingebungsvoll und kenntnisreich über Mondphasen, Wiedergeburt und Heilsteine spricht, wirkt bisweilen ein wenig unmännlich. Falls Sie sich für diese Dinge interessieren, sprechen Sie beim ersten Treffen nur darüber, wenn die Dame das Thema anschneidet.
- *Über Klatsch.* Abgesehen von dem, was in der Tageszeitung unter «Vermischtes» an «Klatsch light» verbreitet wird, sollten Sie keine intimeren Kenntnisse aus dem Leben prominenter Zeitgenossen besitzen. Sollten Sie selbst zur High Society gehören, ist es Ehrensache, dass Sie über das Leben der Mitprominenten Diskretion bewahren. Falls Ihnen doch was rausrutscht: Das haben Sie (aus Versehen) beim Friseur lesen *müssen*, denn der «Spiegel» war schon in Benutzung. Frauen mögen nämlich keine Männer, die Yellow Press lesen und Boulevard-Magazine gucken. Das gilt selbst dann, wenn sie es selbst tun.
- *Über Schminkkniffe.* Wenn Sie der Frau gegenüber Fachtermini aus der Kosmetikerinnen-Fortbildung wie «Eulenaugen» oder «Schlupflider» fallen lassen, wird sie Sie a) für homosexuell halten, b) wird sie annehmen, dass Sie sie hässlich finden, und c) wird sie eine Entlarvung ihrer eigenen Schminktricks fürchten.

- *Über fiese Krankheiten.* Wenn Sie nicht gerade Arzt oder Medizinstudent sind, wird sie sich fragen: Woher weiß der Kerl, dass die Geschlechtskrankheit XY diese Symptome hat? Ist er selber betroffen? Mal ganz abgesehen davon gibt es auch weitaus appetitlichere Themen.

Worüber Sie zwar Bescheid wissen können, aber nie Vorträge halten sollten

- *Fußball.* Sicher, es gibt auch Frauen, die sich für Fußball interessieren. Viele Mädels versuchen heutzutage sogar, Männer mit Kenntnissen aus diesem Bereich zu beeindrucken. Im Grunde ihres Herzens interessieren sie sich aber meist weniger für das Spiel als für den knackigen Hintern des schönen Stürmers. Lassen Sie sich darum nicht verleiten, Ihre aktuellen Eindrücke zu Champions-League-Begegnungen, Kommentatoren-Qualitäten, Trainerstrategien, Spielerstärken, Stadionatmosphären, Übertragungsrechten, usw. vorzutragen. Es sei denn, Sie wollen die Frau schnell wieder loswerden. Ähnliches gilt übrigens für die Themen «Formel 1» bzw. «Auto- und Motorradrennen» allgemein. Womit wir schon beim nächsten heiklen Thema wären.
- *Autos.* Es gibt eine ganze Reihe von Frauen, die mögen schöne Autos. Sie mögen das Geräusch, das sie machen, den Geschwindigkeitsrausch, die Form. Was sich unter der Motorhaube verbirgt, ist indes Mittel zum Zweck und keine Unterhaltung wert. Wenn die Hübsche darum von dem tollen Triumph Spitfire schwärmt, der gerade eben an Ihnen beiden vorbeigesaust ist, gehen Sie nicht in die Falle und langweilen Sie sie jetzt nicht mit technischen Daten des Gefährts. Sie wollten doch flirten und nicht Autoquartett spielen. Für Motorräder gilt selbstverständlich das Gleiche.
- *Die Weltumseglung.* Ein Lieblingsthema von Männern ist die Weltumseglung, die sie irgendwann einmal machen wollen. Das passende Boot haben sie schon ausgeguckt, die Route bereits vor Augen. Und natürlich reden sie gerne über die ganzen Gründe, weshalb sie gerne «aussteigen» möchten: Der miese Job, die Alltagszwänge, der Konsumterror ... Hier lauert Gefahr! Frauen mögen zwar Männer, die segeln, aber sie misstrauen Männern, die die ganze zivilisierte Welt infrage stellen, zu der sie sich selbst auch zählen. Ein Mann, der bei der ersten Begegnung von seiner geplanten Weltumseglung erzählt, gerät – wenn auch vielleicht zu Unrecht – in Gefahr, von der flirtfreudigen Frau als bindungsängstlich und verantwortungsscheu eingeschätzt zu werden. Eigenschaften, die Frauen grundsätzlich ablehnen.

Flirt-Katalysatoren und Flirt-Killer

Flirt-Katalysatoren

Es gibt Dinge, die vereinfachen einen Flirt ungemein. Das können bestimmte Gegenstände sein, die Sie mit sich führen, weil sie den Blick auf Sie lenken und Interesse wecken und vielleicht einen Gesprächsaufhänger bieten. Und es gibt bestimmte Hobbys, die findet fast jedes Mädchen – so alt das «Mädchen» auch sein mag – wahnsinnig aufregend.

Eine Band Viele Herren gründen bereits im zarten Teenager-Alter eine Band, um die Mädels aus der Parallelklasse zu beeindrucken – eine gute Strategie. Mädchen finden Musiker sexy. Und das hat (fast) nichts damit zu tun, ob sie besonders virtuos auf ihrem Instrument sind. Ein Mann, der in einer Band spielt, ist für Frauen ein Faszinosum. Das steht für Kreativität, für Weltoffenheit, Zügellosigkeit, wilde Backstage-Orgien (ob die nun tatsächlich stattfinden oder nicht), eine Absage an Spießigkeit und, und, und. Hunderttausende Groupies auf dieser Welt können nicht irren. Warum haben selbst singende Methusalems wie Mick Jagger oder Rod Stewart wunderschöne junge Models zur Freundin? Nein, am Geld liegt das sicher nicht. Dasselbe Phänomen lässt sich nämlich auch bei jeder beliebigen Schülerband beobachten. Nach und vor dem Auftritt und natürlich währenddessen werden die Herren Musiker umschwärmt wie die Glühbirne von den Nachtfaltern. Freie Flirt-Auswahl garantiert.

Wenn Sie also ein Instrument spielen, ohne eine Band zu haben: Suchen Sie sich eine! Wie gut oder schlecht Sie das Ding beherrschen, ist zweitrangig. Es gibt schließlich Combos in jeder Leistungsstufe und mit jeder musikalischen Orientierung. Studieren Sie die Zettel am schwarzen Brett in der Uni oder hängen Sie selber einen auf. Falls Sie kein Student sind: Auch in Stadtzeitschriften werden häufig per Kleinanzeige Musiker gesucht, und selber dort eine Anzeige aufzugeben kostet wenig bis nichts.

Sie spielen kein Instrument? Es gibt auch einfache Instrumente, die schneller zu erlernen sind. Während Gitarre, Schlagzeug, Piano und Saxophon jahrelange Übung voraussetzen, brauchen Sie zur Handhabe von Percussions, Tamburinen oder Bongos nur etwas Rhythmusgefühl. Ein Elektro-Bass liegt auf der Grenze. Er ist nicht ganz so schwer zu erlernen wie die Gitarre, aber ähnlich spektakulär in der Wirkung auf Frauen. Wenn Sie spät anfangen, werden Sie auch auf diesem Instrument sicher kein Meister mehr, aber für ein begleitendes Dumm-dumm-dumm wird es wahrscheinlich bald reichen. Falls Sie in der Lage sind, mit Ihrer Stimme den einen oder anderen Ton einigermaßen zu treffen, vielleicht ist ja dann auch die Position des Sängers etwas für Sie? Sollten Sie noch Zweifel haben: Gesangsstunden helfen. Der Leadsänger einer Band hat immer noch am meisten Chancen bei der holden Weiblichkeit, steht er doch am meisten im Rampenlicht. Für sehr schüchterne Typen eignet sich das Singen deswegen freilich nicht ganz so gut. Auch wenn es manch ein Gesangstalent geben mag, das dadurch seine Zurückhaltung überwunden hat. Ob Sie dazu gehören, können nur Sie entscheiden.

Für Unmusikalische und/oder Ungeduldige bleibt immer noch die moderne Variante: der DJ. Sie müssen ja nicht gleich Mayday-Hallen füllen, der Partykeller Ihres besten Freundes tut es für den Anfang auch. Gucken Sie mal Ihre CD-Kiste durch, das bewährte Radio-Konzept («Die Hits der 70er, 80er, 90er und das Beste von heute») ist dabei angesagt. Die nächste Fete im Freundeskreis kommt bestimmt.

Ein Pinsel Erschließen Sie sich ein neues Hobby: Werden Sie Kunstmaler. Frauen finden künstlerisch aktive Männer anziehend, vermuten sie doch insgeheim, dass ein Mann, der virtuos mit einem Pinsel umgehen kann, zu ebensolchem mit *seinem* Pinsel in der Lage ist. Generationen von Künstlern profitierten davon und machten eine «Muse» nach der anderen schwach.

Sie können nicht malen? Papperlapapp! So schwer ist das nicht, vor allem, wenn Sie sich zunächst auf abstrakte Motive beschränken. Zur Not malen Sie monochrome – also einfarbige – Bilder in knalligen Farben. Sie können natürlich auch einen Kurs belegen. Dort lernen Sie nicht nur malen, sondern treffen auch garantiert flirtbereite Frauen – und kaum Männer.

Acrylfarben eignen sich sehr gut für Anfänger. Lassen Sie sich im Künstlerbedarf beraten. Dort bekommen Sie auch *Rahmen mit Leinwand*, entweder fertig bespannt oder zum Selbstzusammenbauen. Transportieren Sie diesen Rahmen möglichst nicht in Ihrem Auto. Benutzen Sie dazu öffentliche Verkehrsmittel, gehen Sie zu Fuß und setzen Sie sich auf ein Verschnaufpäuschen damit ins Café. Leinwände gehören nämlich zu den ins Auge springenden Gegenständen, die Frauen dazu bringen, Sie anzusprechen. Probieren Sie es aus!

Wenn Sie zum erstenmal die Frage hören: «Sie malen?», antworten Sie natürlich nicht nur mit «Ja». Erläutern Sie, was für Motive Sie bevorzugen. Malen Sie Porträts? Landschaften? Vorsicht, sagen Sie nicht sofort «Akt». Das könnte eine von Natur aus eher skeptische Dame argwöhnisch machen. Falls Sie sich schon ein bisschen auskennen, erklären Sie, welche Maltechnik Sie anwenden. Fragen Sie zurück, ob Ihr Gegenüber auch malt. Geraten Sie ins Fachsimpeln.

Übrigens, es mag verlockend sein, die Frage zu stellen, der keine Frau gut widerstehen kann: «Du bist so schön, ich möchte dich gerne malen.» Achtung, Falle! Diese Frage empfiehlt sich nur für Könner, die garantiert wissen, dass das gepinselte Antlitz der Dame auch wirklich schmeichelhaft gelingt. Eine zu dicke Nase, zu kleine Augen – und schon ist die Gute erst auf Hundertachtzig und dann auf und davon. Da können Sie hundertmal sagen: «Aber Picasso hat das doch auch so gemacht.»

Ein Kind Mit einem Kind an der Hand werden Sie Scharen von Frauen treffen, die mit Ihnen flirten wollen. Ein Mann, der sich rührend um die Kleinen kümmert, ist so ziemlich das Anziehendste, was sich Frauen vorstellen können.

Und glauben Sie nicht, dass Sie auf Spielplätzen ausschließlich Mütter mit ihrem Nachwuchs treffen. Sie werden dort ebenso französische, amerikanische oder schwedische Au-pair-Mädchen treffen. Hinzu kommen babysittende Abiturientinnen oder Studentinnen, die sich mit Kinderbetreuung etwas neben der Uni verdienen. Außerdem Freundinnen junger Mütter, die sich keinen «richtigen» Babysitter leisten können. Im Übrigen sind gerade junge Mütter besonders anfällig und vor allem dankbar für einen Flirt, befürchten doch viele von ihnen, nur noch als Leithenne wahrgenommen zu werden.

Haben Sie bereits ein Kind, können Sie sich aus genannten Gründen (und überhaupt!) aber ruhig häufiger darauf einlassen, den Nachwuchs zu betreuen. Sie brauchen wegen Ihrer Motive keinesfalls ein schlechtes Gewissen zu haben: Wie Sie bereits wissen, dient das Flirten bei Männern mit fester Partnerschaft lediglich der Selbstwertstärkung für mehr Zufriedenheit und Harmonie daheim.

Sind Sie Single und/oder kinderlos, gibt es sicher in Verwandtschaft oder im Bekanntenkreis Eltern, die dankbar vor Ihnen auf die Knie fallen werden, wenn Sie sagen: «Heute geh ich mal mit Mäxchen auf den Spielplatz.»

Übrigens, falls Sie gerade die Schule hinter sich haben und an Spielplätzen und in Zoos im Ausland flirten wollen: Männliche Au-pair sind beliebt. Warum? Die Au-pair-Kräfte werden meist anhand der Bewerbungsfotos von den jungen Müttern ausgesucht.

Ein Hund Hunde sind, ähnlich wie Kinder, Kontakt-Booster. Hundebesitzer wissen das. Zumindest solche, die nicht vierbeinige Abstandhalter wie Dänische Doggen, Mastinos oder Pitbulls ihr Eigen nennen. Je knuddeliger und harmloser der Hund wirkt (und ist), umso besser für einen Flirt. Kein Spaziergang im Park, bei dem man nicht mit anderen Hundebesitzern ins Gespräch über die lieben Kleinen im Speziellen und die Welt im Allgemeinen käme. Nun soll hier keinesfalls propagiert werden, dass Sie sich nur aus Flirt-Gründen einen Hund anschaffen, obwohl Sie keine Zeit, keinen Platz oder kein Geld für so ein Tier haben. Darum an dieser Stelle die eindringliche Bitte: Holen Sie sich nur einen Vierbeiner, wenn Sie ganz sicher sind, dass Sie sich auch genügend um ihn kümmern können.

Aber Hunde kann man leihen! Bieten Sie den Hundebesitzern unter Ihren Freunden an, das Tier während des Urlaubs zu betreuen. Wenn Sie niemanden kennen, der ein Tier besitzt, begeben Sie sich zum örtlichen Tierheim. Die Mitarbeiter dort suchen meist händeringend nach Leuten, die mit den Kleinen unentgeltlich Gassi gehen. Achtung: Gerade sehr kleine Hunde können wahre Giftzwerge sein. Erkundigen Sie sich nach einem lieben und ruhigen Exemplar bis zu mittlerer Größe. Denn Sie wollen ja nicht Ihr Flirt-Objekt direkt zur Notaufnahme bringen müssen, weil der süße Wauwau sich in dessen Wade verbissen hat, oder?

Ein «niedliches» Auto Haben Sie schon einmal gemerkt, was passiert, wenn Frauen einen 2CV sehen, zu Deutsch «Ente»? Eben noch im Gespräch, bleiben sie verzückt stehen und schauen der ratternden Kiste mit großen Augen verliebt nach. Gut für Sie, wenn Sie in diesem Moment im Lieblingsauto der Damenwelt drin sitzen und fragen können: «Willst du mal mitfahren? Ich mach auch das Dach auf!» Keine Angst, dazu müssen Sie nicht nur noch barfuß laufen und Blumen ins Haar stecken. Die Zeiten, als nur Hippies oder Hausbesetzer Enten fuhren, sind vorbei. Das französische Fabrikat steht auch – und gerade – Anzug- und Aktentaschenträgern, und sogar Roger Moore als James Bond fuhr bereits Ente. «Wie cool, dass du Ente fährst, obwohl du dir doch sicher auch was anderes leisten könntest» – diesen Satz werden Sie häufiger hören, wenn Sie sich zu der hübschen Blechbüchse durchringen. Doch Sie sollten es bald tun. Enten werden nämlich nicht mehr gebaut. In Deutschland gibt es allerdings ein paar Enten-Werkstätten, die gebrauchte 2CVs wieder auf Vordermann bringen. Im Übrigen bleiben die Wagen im Wert erhalten oder steigen sogar noch – pflegen Sie sie darum gut.

Alternativen zur Ente: Mini (alt), Karmann-Ghia, Käfer (alt), Messerschmitt-Kabinenroller, Fiat Bambino und so weiter.

Flirt-Killer

Es gibt ein paar Dinge, die können einen viel versprechenden Flirt ganz schön vor die Wand setzen. Die schlimmsten Flirt-Fehler auf einen Blick!

Die «Innere Werte»-Tour Sicher, es ist ein ganz natürlicher Wunsch, sich beim Flirten vom Gros der anderen Flirter abzusetzen. Auch kann es sein, dass Sie die Nase voll davon haben, dass offenbar immer nur Schleimerei beim anderen Geschlecht zum Ziel führt. Wenn Sie schon dieses unsägliche Süßholzgeraspel der anderen Typen hören. Und die Mädels lassen sich auch noch davon einlullen – sehen die denn nicht, dass diese Hobby-Gigolos ihnen nur an die Wäsche wollen? Sie sind da anders. Sie sehen in Frauen den Menschen. Das heißt, nun ja: *vor allem* den Menschen. Den Rest sehen Sie natürlich auch, Sie sind ja nicht blind und auch nicht scheintot, und bei so einem kurzen Röckchen, da kann man ja gar nicht anders. Gut, sie wäre schon grundsätzlich nicht schlecht, die Sache mit der Wäsche. Aber wirklich nur als Nebeneffekt!

So weit, so gut. Hört sich begrüßenswert an: Ein Mann, der auf innere Werte achtet. Der Chor der Frauen jubilieret und frohlocket. Doch spielen wir einfach mal spaßeshalber ein Flirt-Beispiel *ohne* Schmeichelei und anderes oberflächliches Getue durch:

Um keinerlei falschen Verdacht aufkommen zu lassen, raspeln Sie also kein Süßholz. Komplimente? Nicht mit Ihnen. Im Gegenteil. Sie wählen eine andere Strategie, die der Frau sofort vermittelt, dass es Ihnen auf die inneren Werte ankommt. Zum Beispiel dieses hübsche Mädchen da vorn. Bauchfrei trägt sie. Sieht gut aus. Aber da soll sie sich bloß nichts drauf einbilden. Wäre ja noch schöner, wenn sie Sie mit so ein bisschen Haut rumkriegen könnte wie einen triebgesteuerten Neandertaler. Sie haben Ecken und Kanten, das wird die Kleine mögen. Frauen stehen auf Männer, die gegen den Strom schwimmen. Hey, sie lächelt. Läuft gut. Sie gehen hin. Und jetzt sagen Sie ganz ehrlich: «Ich finde es gut, wenn auch Frauen bauchfrei tragen, die keine Modellfigur haben. Wirkt doch viel natürlicher. Und so ein bisschen Speck stört mich absolut nicht.» Doch, Moment, was ist das? Sie lächelt ja gar nicht mehr. Dabei haben Sie doch gerade Ihre unheimliche Toleranz und Menschenfreundlichkeit demonstriert. Zugegeben, da ist nicht wirklich viel Speck. Aber selbst wenn, das würde Sie ja eben auch nicht stören. Da kann die Süße doch froh sein, dass Sie nicht so viel Wert auf Äußerlichkeiten legen. In ein paar Jahren, spätestens wenn sie Kinder gekriegt hat, ist das sowieso nichts mehr mit dem bauchfreien

Dasein. Das fügen Sie jetzt zur Erklärung noch hinzu. Warum guckt die denn jetzt so giftig? «Aber sonst klappt bei dir alles, ja?», fragt sie.

Stopp. Brechen wir das Experiment an dieser Stelle ab. Der Fehler bei einer Vorgehensweise dieser Art ist nicht in erster Linie, dass Sie der Frau das Gefühl geben, fett zu sein und unmöglich auszusehen. Das ist nur in zweiter Linie der Fehler. Der Hauptfehler ist: Diese Strategie ist unglaubwürdig. Prinzipiell ist es selbstverständlich löblich, in Frauen nicht (nur) das reine Sexualobjekt zu sehen, sondern erst einmal den witzigen Gesprächspartner oder die intellektuell Gleichgesinnte. Das Problem: So weit, dass Sie feststellen können, dass die von Ihnen favorisierte Dame das eine oder andere ist, müssen Sie erst einmal kommen. Bis dahin sehen Sie im Zweifelsfall erst mal wirklich nur den hübschen Bauch, das kurze Röckchen über langen Beinen, die tollen Haare, die wohlgeformten Fesseln, den Spitzenbusen und so weiter. Machen Sie sich nichts vor: *Das* ist es, was Ihnen auffällt. Und das weiß auch die Dame. Und wenn Sie dann, nachdem sie Ihnen aufgrund ihrer optischen Reize ins Auge gestochen ist, ankommen mit einem Spruch, der genau diese optischen Reize runtermacht, haben Sie eben verloren. Logisch, oder? Fazit: Ein paar ehrliche Komplimente haben noch keinem Mann – und keiner Frau – geschadet. Im Gegenteil.

Die Masche mit der besten Freundin Sie kennen das sicher noch aus der Schule. Ihnen gefiel, sagen wir, Mona aus der 8b. Mona, die Schöne. Mona, die Unerreichbare. Sobald Sie in Monas Nähe kamen, sind Sie rot angelaufen, Ihre Knie zitterten, und Sie brachten kein Wort mehr raus. Ganz anders bei Tina, der besten Freundin von Mona. Den Kontakt zu Tina haben Sie eigentlich nur aufgenommen (völlig mühelos übrigens), weil Sie auf diese Weise unauffällig in Monas Nähe sein konnten. Gegenüber Tina waren Sie nicht schüchtern, weil Sie nicht in sie verliebt waren. Mit Tina konnten Sie stundenlang reden, Tina konnten Sie anlächeln, Tina haben Sie in der großen Pause zum Eis eingeladen. Es kam, wie es kommen musste: Irgendwann war Tina bis über beide Ohren in Sie verknallt. Und Mona wusste von nichts. Dumm gelaufen.

Lernen Sie aus dem Hauptfehler verschossener Teenager. Natürlich können Sie auch im Erwachsenenalter den Kontakt zur Traumfrau über deren Freundin aufnehmen. Das ist sogar eine gute Strategie. Aber bitte versäumen Sie es dabei nicht, diese Freundin in Ihre wahren Gefühle einzuweihen. Von Anfang an. Machen Sie die Freundin zu Ihrer Liebeskomplizin. In der Regel wird sie sich geehrt fühlen und es als ihre Pflicht ansehen, Ihnen zu helfen. Sofern Sie Chancen für Sie bei der

Herzdame sieht. Andernfalls wird sie Ihnen ehrlich sagen, dass Sie bei der Angebeteten keine Aussicht auf Erfolg haben. Das ist möglicherweise bitter, aber immer noch besser als ein langer Balztanz mit vorprogrammiert tragischem Ende. Und, immerhin, es kann ja auch gut gehen.

Wenn Sie aber statt mit der Dame, um die es eigentlich geht, stets nur mit deren Freundin flirten, fühlt sich am Ende mindestens eine der Ladys veräppelt. Wenn Sie Pech haben, auch noch diejenige, um die es geht.

Die Mutter Ihrer Kinder? Sie sind mit Ihrer Situation unglücklich. Sie wollen nicht mehr allein sein. Sie wollen eine Frau. Nicht einfach nur eine Frau für eine Nacht oder eine heiße Affäre. Sie wollen die Frau fürs Leben. Dazu ein Kind, nein, falsch: viele Kinder. Ein hübsches Häuschen am Stadtrand, einen langen Holztisch, an dem die ganze Familie Platz nimmt und Spaghetti isst.

Wann immer Sie eine Frau kennen lernen, erzählen Sie von Ihrem Traum: «Ich bin kein Mann für eine Nacht – ich suche die Mutter meiner Kinder.» Das erzählen Sie nach exakt fünf Minuten. Sie haben nämlich gehört, dass Frauen Kinder mögen und fast immer irgendwann welche haben wollen. Aber das scheint nicht zu stimmen. Irgendwie geraten Sie immer an oberflächliche Tanten, die damit nichts anfangen können. Oder machen Sie irgendetwas falsch?

Nun ja. Der Traum von der Familie im Bauernhaus an sich ist nicht verboten. Im Gegenteil. Er ist eigentlich ein Traum, den Sie garantiert mit einer Menge Damen teilen, die sich auch meistens gerne darüber unterhalten. Unter bestimmten Voraussetzungen jedenfalls.

Entscheidend ist der Zeitpunkt, zu dem Sie das Thema aufs Tapet bringen.

Denn wenn Sie sofort mit der Sprache rausrücken, klingt das verdammt nach Torschlusspanik. Nach Verzweiflung. Danach, dass Sie keine abkriegen, weil Sie vielleicht – so die Folgerung der Dame – irgendeine verborgene Macke haben. Außerdem vermittelt sich über diese Bemerkung, sofern Sie vor dem eigentlichen Kennenlernen geäußert wird – dass Sie wenig Interesse an der Dame selbst haben, sondern selbige im Prinzip nur als potenzielles Depot für Ihren göttlichen Samen und später als Au-pair für Ihrer beider Sprösslinge missbrauchen wollen. Das ist natürlich alles Quatsch, aber so kommt es eben an. Sparen Sie sich darum dieses Thema für das zweite oder dritte Date auf.

Merke: Frauen wollen als einzigartige Wesen wahrgenommen werden. Als Göttinnen, auf die Sie in ihrer Einzigartigkeit nur gewartet haben. Und nicht als Mittel zum Zweck.

Ganz anders sieht die Angelegenheit übrigens aus, wenn Sie ihr nicht beim ersten Flirt, sondern nach ein, zwei Wochen heftigster Turtelei eröffnen, dass Sie sich vorstellen können, mit ihr Kinder, Bauernhaus usw., usw. zu haben. Das fällt in die Kategorie «hoffnungslos romantisch» und lässt beinahe jede Frau dahin schmelzen wie Eis in der Sonne.

Lästern Lisa, Ihre Ex, war eine Schlampe. Unzuverlässig, untreu, hinterhältig und gemein. Wirklich eine ganz blöde Kuh. Das sehen Sie nicht allein so, das sagt auch Ihr Freund Thomas. Der hat auch die Beziehung mit Monika mitgekriegt. Monika, das war eine Freundin vor Lisa, war hysterisch, unselbständig und konnte nicht mal alleine eine Zugfahrkarte kaufen, ohne Angstzustände zu bekommen. Charlotte, die kam irgendwo dazwischen, eine Affäre, war eigentlich ganz nett. Hübsch auch, aber im Bett hat sie gequiekt wie ein Schweinchen, da ist Ihnen alles vergangen. Und dann hat sie auch noch gedacht, es läge an Ihnen!

Im Moment sind Sie solo. Und gerade haben Sie dieses Wochenendseminar. Die Seminarleiterin, die könnten Sie sich als Ihre neue Freundin schon vorstellen. Schön, klug – und heiße Blicke haben Sie sich auch schon zugeworfen. Und, wer sagt's denn, in der Kaffeepause kommt sie an Ihren Tisch. Sie beide verstehen sich hervorragend. Sie reden und reden, und schnell wissen Sie: In allem ist diese Frau, Maria heißt sie, toller als Ihre Ex-Freundinnen. Und das sagen Sie ihr dann auch. «Du bist so ganz anders, Maria.» Sie lächelt, also präzisieren Sie das: «Weißt du, meine Ex, die Lisa, war eine Schlampe. Unzuverlässig, untreu, hinterhältig und gemein. Wirklich eine ganz blöde Kuh. Das sagt auch Thomas, mein Freund. Der hat auch die Beziehung zu Monika …»

Als Sie fertig sind, lächelt Maria nicht mehr. «Ich muss mich jetzt auch mal um die anderen Teilnehmer kümmern», sagt sie und geht. Sie verstehen das und freuen sich auf die Fortsetzung des Gesprächs. Die nicht kommt.

Was ist passiert? Eine Frau, die mit ihnen flirtet, hat – unter Umständen – ein vages Interesse daran, mit Ihnen zusammen zu sein. Vielleicht nur für eine Nacht (oder einen erotischen Nachmittag), aber eventuell könnte sie ja auch Ihre Freundin werden. Zunächst ist dieser Gedanke natürlich ganz theoretisch und spukt möglicherweise irgendwo im tiefsten Unterbewusstsein herum. Aber er ist da.

Wenn Sie nun anfangen, über Ihre Ex-Freundinnen herzuziehen, die Fehler der Damen genüsslich auszubreiten, sich vielleicht sogar darüber lustig zu machen und darzustellen, wie sehr Sie unter den verschiedenen Macken gelitten haben, passiert bei Ihrer Flirtpartnerin etwas:

- Sie vergleicht ihre eigenen Macken – kein Mensch ist fehlerfrei – mit denen Ihrer Ex-Partnerinnen. Und kommt vielleicht zu dem Schluss: Mein Gott, wenn der sich da so drüber aufregt, passen wir überhaupt nicht zusammen.
- Sie bekommt von Ihnen den Eindruck von Illoyalität. Intime Geheimnisse – und dazu zählen die schlechten Eigenschaften Ihrer Ex-Freundinnen – auszuplaudern wirft immer ein seltsames Licht auf den Ausplauderer. Die Frau, mit der Sie flirten, sieht sich gedanklich schon in der Position einer Ihrer Ex-Freundinnen und denkt sich: So wird er dann auch über mich herziehen. Nein danke!

Fazit: Auch wenn es mit Lisa, Monika und Charlotte noch so schrecklich war (und Thomas das auch sagt): Halten Sie sich in puncto Ex-Freundinnen an das Sprichwort: Schweigen ist Gold!

Gleiches gilt selbstverständlich auch, wenn Sie flirten und dabei noch in einer Beziehung stecken – so kaputt die möglicherweise auch sein mag. Über eine noch bestehende Beziehung keinesfalls schlecht zu reden ist eine Frage des Anstands. Und des Stils.

Jammern Nicht nur das Jammern über Ihr Leid unter dem Joch der Ex-Freundinnen ist ein Flirt-Fauxpas. Auch allgemeines Jammern kommt bei einem heißen Flirt meist nicht besonders gut an, Sie können schließlich nicht davon ausgehen, dass alle Frauen ein Helfer-Syndrom haben.

Ihr momentaner Misserfolg im Job, Ihr schlechter Draht zu Ihren Eltern, die völlig überteuerte Miete Ihrer Altbauwohnung, Ihr Ärger mit der Telekommunikationsfirma – sparen Sie sich diese Probleme für spätere Treffen und dosieren Sie sie auch dann sparsam. Sie sind nämlich nicht der einzige Mensch mit Problemen.

Ein Sonderfall ist zudem das Jammern über Misserfolg bei Frauen. Das provoziert günstigstenfalls Mitleid, schlimmstenfalls Ablehnung. In ihrem tiefsten Inneren, ganz im Unterbewusstsein, schlummert nämlich in jeder Frau noch eine Neandertalerin, die sich das begehrteste Männchen (Klartext: den besten Samen für ihren eigenen Nachwuchs) sichern möchte. Und wenn da einer ist, der öffentlich über seinen schlechten Stand bei anderen Weibchen klagt, dann kann ja mit ihm (Klartext: mit dem Samen) irgendwas nicht stimmen. Das ist im Übrigen auch der Grund, weshalb Halodris und Frauenhelden trotz (oder besser: wegen) ihres miesen Rufs fast immer einen Wahnsinnserfolg bei den tollsten Torten haben. Die unbewusste Botschaft: So viele Frauen können ja nicht irren, der Typ muss «Mr. Supersperm» sein. Längerfristig gesehen wünscht sich allerdings keine Frau so einen Schürzenjäger an ihrer Seite.

Für Sie bedeutet das: Sie müssen nicht von einem Extrem ins nächste verfallen und den supererfolgreichen Manager mit Schlag bei Frauen mimen und um jeden Preis eine oberflächliche Spaß-Einstellung an den Tag legen. Aber, so banal das klingt, bemühen Sie sich um eine positive Grundhaltung. Fast jedes Problem hat nämlich auch eine gute Seite, und manchmal entstehen Probleme auch erst durch die Beschäftigung mit ihnen. Außerdem: Wenn Sie gerade schön flirten, sollte es Ihnen doch eigentlich gut gehen. Sie bekommen Anerkennung vom schönen Geschlecht und dürfen sich als attraktiver Mann fühlen. Entwerten Sie das bitte nicht durch Problemwälzerei. Man kann sich nämlich auch in Probleme hineinsteigern. Sobald Sie merken, dass Sie das tun, halten Sie inne und konzentrieren Sie sich auf den Moment. Und im Moment steht da eine schöne Frau, lächelt und spricht mit Ihnen. Also: Wo ist das Problem?

Mädchen ärgern Noch so eine Zeitreise zurück in die Schule. Früher, so mit zwölf, dreizehn, als man noch nicht wusste, wie und über was man mit Mädchen spricht, die man ja kürzlich noch doof fand und aus irgendwelchen Gründen plötzlich doch ganz interessant, hat man sich ja schon Sachen überlegt. Man hat Papierbomben geknüllt und geworfen (aber so geschickt, dass sie dachte, die Kügelchen kämen vom dicken Dieter), im Sport auf ihren Po gestarrt und – damit das nicht so auffiel – bei den Kumpels über die «dicke Kiste» gelästert. Man hat geschubst und getreten, an den Haaren gezogen und sie auch mal in den Schwitzkasten genommen. Einfach so. Und dann hat man sich gewundert, warum sie nicht merkte, dass man sie liebte und sie schließlich – der Gipfel der Demütigung – auf dem Zettelchen, das man ihr per Klassenpost zukommen ließ («Liebst du mich? Kreuze an: Ja. Nein. Vielleicht.»), alles durchgestrichen und drübergeschrieben hat: «Find dich kacke.»

Ein historischer Rückschlag, nach dem die meisten Männer sich neue Wege überlegen, die Frau ihres Herzens zu erobern.

Manche Kerle jedoch, das ist das Ungerechte, kommen damit durch. Sie kreuzt auf dem Zettelchen trotz der vorangegangenen Neckereien «Ja» an, er schreibt «Willst du mit mir gehen?», und schwupp, sind sie ein Paar. So was klappt natürlich nur bei den Jungs, die die Mädchen sowieso und immer schon «süß» fanden. Als Erwachsene handelt es sich bei diesen Herren meist noch immer um gut aussehende Männer, die schnell das wohl wollende Etikett «große Jungs» verliehen bekommen, weil sie sich – im Großen und Ganzen – noch immer verhalten wie damals mit dreizehn, wenn ihnen ein Mädchen gefiel. Das ist natürlich so lange kein Problem, solange ihnen die Damenwelt trotz infantiler Albernheiten zu Füßen liegt.

Doch dann kommt da plötzlich die eine. Diejenige welche. Die Traumfrau. Und jetzt schlägt das Imperium zurück. Der große Junge verguckt sich, wirft nach seiner Gewohnheit ein Papierkügelchen, rempelt ein bisschen – und sie sieht ihn nur verständnislos an. Kann mit den Annäherungsversuchen nichts anfangen. Und parliert vielleicht währenddessen mit seinem besten Freund. Lassen Sie es so weit nicht kommen und merken Sie sich: Mädchen ärgern war einmal.

King Cool Es gibt Typen, die sind so cool, das gibt's gar nicht. Ihr unentbehrlichstes Accessoire ist die Sonnenbrille. Zugegeben, sie sehen schon gut aus, so ein paar dunkle Gläser auf der Nase. Aber das Wichtigste beim Flirten, das hatten wir schon, ist der Blickkontakt. Und den können Sie schlecht mit Sonnenbrille im Gesicht herstellen. Also: Runter damit. Alles andere ist flirttechnisch kontraproduktiv und außerdem unhöflich. Am besten, Sie setzen sich gleich in den Schatten.

Nur der Vollständigkeit halber sei hier erwähnt, dass Sonnenbrillen im Dunkeln, entgegen der Aussage des Pop-Klassikers «I Wear My Sunglasses At Night» gänzlich daneben sind. Es sei denn, Sie wollen aussehen wie ein Lude auf Personalsuche.

Ein zweiter Fauxpas aus der Coolness-Abteilung ist das Zermalmen von Kaugummi zwischen den Kiefern. Mag sein, dass John Travolta in den Siebzigern in «Grease» und in den Neunzigern in «Pulp Fiction» Kaugummi kauend Erfolg bei Olivia Newton-John beziehungsweise Uma Thurman hatte. Aber das Leben ist kein Film. Kaugummi kauen fühlt sich nur cool an, sieht aber uncool aus.

Ebenfalls cool fühlt sich eine Zigarre an, und manche Mädels finden tatsächlich, dass das auch cool aussieht. Ungefähr zwei oder drei. Der Rest der Frauen findet, dass Zigarren albern wirken und stinken.

Angetrunkener Mut Natürlich schafft ein wenig Alkohol im Blut gerade Schüchternen Erleichterung, was das Anflirten und Ansprechen der Traumfrau betrifft. Das ist auch so lange kein Problem, solange sie auch trinkt. Blöd nur, wenn Sie plötzlich feststellen müssen, dass die Dame nicht das zehnte Glas Gin-Tonic in der Hand hält – wie Sie selbst –, sondern schlicht und einfach: Mineralwasser.

Dann nämlich wird sie spätestens im Gespräch merken, dass Sie nicht mehr nüchtern sind: am Geruch und an Ihrem Verhalten. Und wenn Sie jetzt Pech haben, findet sie das ganz bescheiden.

Trinken Sie darum nach jedem alkoholhaltigen Getränk ein Mineralwasser oder eine Apfelschorle – das hat den Nebeneffekt, dass Sie keinen dicken Kopf kriegen, weil Sie Ihren Flüssigkeitshaushalt im Gleichgewicht halten –, und lassen Sie die Finger von Hochprozentigem. Denn ein lallender Mann, der vom Barhocker zu kippen droht, hat noch keine Frau beeindruckt.

Herr von Greif und Glotz? Angucken ist die eine Sache, Starren die andere und Glotzen – nun ja. Nichts hassen Frauen mehr, als wenn ein – eigentlich vielleicht netter Mann – sich mit ihrer Bluse unterhält. Warten Sie nicht, bis Sie eines Tages einer Frau begegnen, die eins dieser hinterhältigen T-Shirts trägt, auf denen quer über den Busen ganz klein folgender Satz gedruckt ist: «Bitte gehen Sie weiter – es gibt hier absolut nichts zu sehen.» Unterdrücken Sie den Busen-Check-Impuls unbedingt, ganz besonders natürlich, wenn Sie sich gerade mit der Busenbesitzerin unterhalten, und auch dann, wenn sich unter dem T-Shirt etwas von Russ-Meyer-Supervixen-Format verbirgt, das Sie gerne einmal näher untersuchen würden.

Stichwort «näher untersuchen»: Anfassen ist beim ersten Kennenlernen nie erlaubt, es sei denn, Sie werden ausdrücklich dazu aufgefordert. Genau, auch ein winziger Klaps auf den Po, ein leichtes Tätscheln der Wange oder eine Hand auf dem Knie können zur sofortigen Disqualifikation des Bewerbers führen. Es handelt sich hier nämlich um eine Grenzüberschreitung, die der angefassten Dame vermittelt, dass Sie sie nicht nur nicht ausreichend respektieren, sondern möglicherweise für eine Angehörige des horizontalen Gewerbes halten. Also: Flossen weg!

Geh-Punkte

Schluss! Und aus?

Irgendwann hat jeder Abend mal ein Ende, ist die kurzweiligste Zugfahrt vorbei, und auch ein Einkauf im Supermarkt ist spätestens mit Ladenschluss beendet. Es gibt nun zwei Möglichkeiten. Entweder Sie betrachten mit dem Ausklang des Flirts selbigen als einmaliges Intermezzo. Oder Sie haben weiterführendes Interesse an der Dame, die nun leider schnell zu ihrem Uni-Seminar oder zur letzten U-Bahn verschwinden muss. Das eine Mal lautet die Frage: Wie verabschieden Sie sich gentlemanlike, ohne gezwungen zu sein, Ihre Telefonnummer oder sonstige persönliche Daten preiszugeben? Im anderen Fall geht es darum, möglichst elegant selbiges von der Dame zu ergattern.

Bye, Bye – das war's! Das Flirten hat Ihnen Spaß gemacht, das Gespräch mit der neuen Bekanntschaft war sehr unterhaltsam. Trotzdem sind Sie sich sicher: Bei diesem einen Mal soll es bleiben. Entweder, weil daheim Ihre Liebste wartet oder weil Sie bereits jetzt merken, dass die Sympathie für mehr als einen unverbindlichen Flirt nicht reicht. Wenn das so ist, sollten Sie in jedem Fall vermeiden, Ihre Telefonnummer, geschweige denn Ihre Adresse herauszugeben – und zwar weder die private, noch die geschäftliche. Vermeiden Sie außerdem unbedingt die Nennung Ihres Nachnamens und gewähren Sie keinesfalls – etwa beim Zahlen der Kaffeehaus-Rechnung – Einblick in Ihren Pass. Schon manche liebesentflammte Frau hat sich in einen «Stalker» verwandelt, also jemanden, der dem Objekt der Begierde unaufhörlich nachstellt und auflauert. Dem sollten Sie vorbeugen.

Falls Ihre Flirt-Bekanntschaft darauf drängt, Sie wieder zu sehen, lassen Sie sich am besten deren E-Mail-Adresse oder Telefonnummer geben. Legen Sie sich aber nach Möglichkeit nicht fest, indem Sie feste Zusagen wie: «Ich rufe dich an» machen.

Vermutlich wird Ihre Flirt-Bekanntschaft nach Aushändigung ihrer eigenen Daten darauf warten, dass Sie es ihr gleichtun. Vielleicht wird sie Ihnen auch trotz offenkundigen Interesses ihre Nummer nicht geben. Aus Gründen der Vorsicht und in Unkenntnis der Tatsache, dass Sie gar nicht daran dächten, Gebrauch davon zu machen. Sie fordert jedenfalls nachdrücklich Ihre Nummer oder die Angabe einer anderen Kontaktmöglichkeit.

In diesem Fall können Sie ihr Ihre E-Mail-Adresse überlassen. Allerdings nicht Ihre offizielle Firmen-Mail oder die Mail-Adresse, die auch Ihre Freundin benutzt, sondern die eines *eigens für solche Zwecke eingerichteten Free-Mail-Accounts*, den Sie bei Bedarf jederzeit ganz auflösen können. Ganz ausgefuchste Flirt-Profis haben *ein Ersatzfrauen-Handy*. Das ist ein Zweitgerät, dessen Nummer jene Frauen bekommen, bei denen die Herren sich noch nicht ganz sicher sind, ob sie – unter gewissen Umständen – nicht doch noch etwas von ihnen wollen könnten. Etwa dem Umstand eines unerträglich einsamen und hormonell unausgelasteten Abends.

Wie Sie einer Frau bereits während des Flirts einen Korb geben, lesen Sie im Übrigen weiter hinten unter «Die Henne mit Korb».

Auf ein Wiedersehen! Sie hätten noch stundenlang weiterflirten können. Aber leider geht die letzte Bahn gleich, und Ihre schöne neue Freundin muss sich auf den Weg machen. Ehrensache, dass Sie ihr anbieten, Sie zur Station zu bringen oder – falls Sie mit dem Wagen da sind – sie nach Hause zu fahren. Allerdings kann auch eine an Ihnen interessierte Frau Letzteres aus Vorsichtsgründen ablehnen. Das sollte Sie darum nicht entmutigen.

Falls der Flirt für Ihre Bekanntschaft so angenehm war wie für Sie, wird Sie Interesse daran haben, Sie noch einmal zu treffen. Doch gerade schüchterne Frauen trauen sich nun oft nicht, nach der Telefonnummer des Mannes zu fragen. Ein weiteres Problem: Vorsichtige Charaktere geben auch sympathischen Jungs nicht so ohne weiteres ihre Nummer.

- Geben Sie ihr zunächst Ihre eigenen Kontakt-Daten. Das reduziert weibliche Skepsis. Aber zücken Sie auf keinen Fall Ihre Visitenkarte, es sei denn, Sie haben sich bei einem geschäftlichen Anlass kennen gelernt. Visitenkarten wirken in jedem anderen Kontext viel zu förmlich und werfen Sie in Ihrer persönlichen Annäherung an die Flirt-Bekanntschaft um Lichtjahre zurück.
- Sympathischer wirkt es, den Stift zur Hand zu nehmen, den Sie für alle Fälle dabei haben, und Ihren Vornamen, Ihre Mail-Adresse und Handy- oder Festnetznummer lesbar auf eine Unterlage zu kritzeln. Das kann ein Bierdeckel sein, eine Bahn-Fahrkarte oder eine Chips-Tüte. Nebeneffekt: Ein solcher Gegenstand erinnert die Schöne sofort wieder an den Flirt und ruft ihr Ihre Person in Erinnerung. Ein großer Vorteil vor allem dann, wenn es sich um eine umschwärmte Lady handelt, die sich an viele Männergesichter erinnern muss.
- Sollten Sie merken, dass sie Skrupel hat, ihre Nummer rauszurücken: Erkundigen Sie sich nach ihrer Mail-Adresse. Das ist unaufdringlich, und Sie haben dennoch etwas in der Hand, um den Kontakt aufzunehmen. Eine Mail-Adresse wird auch von ängstlichen Frauen meist freimütig genannt.

- Fragen Sie nicht sofort nach einem Folge-Rendezvous. Das wirkt aufdringlich. Sie dürfen erwähnen, dass man «ja vielleicht mal einen Kaffee zusammen trinken» könne – mehr nicht. Die konkrete Verabredung organisieren Sie später per Mail oder Telefon.
- Verabschieden Sie sich jetzt – und geben Sie ihr so Gelegenheit, Sie zu vermissen. «Ich ruf dich an» – nur wann? Seit Sie sich von ihr verabschiedet haben, können Sie nur noch an sie denken. An ihre Augen. Ihren sinnlichen Mund. Ihre witzigen Bemerkungen. Am liebsten würden Sie sich sofort wieder bei ihr melden. Aber macht das vielleicht alles kaputt? Keineswegs. Viele Frauen erwarten auch heute noch von einem Mann, dass er den ersten Schritt zur erneuten Kontaktaufnahme macht. Und wenn Sie ein paar Regeln beachten, dürfen Sie den auch sofort nach dem Kennenlernen tun.
- *Falls Sie ihre Mobilnummer und den Eindruck gegenseitiger Sympathie haben, dürfen Sie ruhig direkt auf dem Nachhauseweg eine SMS schicken. Etwa mit dem Wortlaut: «Schön, dich getroffen zu haben.» Im Normalfall sollten Sie bald eine freundliche Antwort erhalten. Falls nicht, hat es ihr vielleicht doch nicht ganz so gut gefallen wie Ihnen. Schicken Sie ihr am nächsten Tag noch eine Message. Antwortet sie auch darauf nicht, hat sie kein weitergehendes Interesse. Nicht den Kopf hängen lassen, so etwas kann passieren. Der nächste Flirt wartet schon.*
- *Eine Mail können Sie ihr ebenfalls unmittelbar nach Ihrer ersten Begegnung oder am nächsten Tag schicken. Hier gilt das Gleiche: Sie sollte recht schnell antworten. Falls sie nur an ihrer Arbeitsstelle Mail-Zugang hat, müssen Sie sich natürlich bis zum nächsten Werktag gedulden.*
- *Fürs persönlichere Anrufen gelten andere Regeln. Greifen Sie frühestens am nächsten Tag zum Hörer. Besser ist es, noch einen Tag länger zu warten. Auf diese Weise baut sich bei der Dame genau die richtige Spannung auf («Warum meldet er sich nicht? Ich hatte doch den Eindruck, dass er mich mag»), die aber noch nicht in Enttäuschung umgekippt ist. Sie wird entzückt sein, Sie plötzlich an der Strippe zu haben.*
- *Warten Sie nie länger als zwei Tage, bis Sie sie anrufen. Andernfalls kann es sein, dass sie Sie schon abgeschrieben hat und trotzig mit Ablehnung reagiert.*

Das erste «echte» Rendezvous Alles entwickelt sich überaus erfreulich. Sie verstehen sich auch nach dem Flirt per Telefon und Mail noch prächtig, und bald ist klar, dass Sie sich wieder verabreden werden. Die Frage ist nur: Was macht man beim ersten «richtigen» Rendezvous?

Hervorragend geeignete Aktivitäten für ein Folge-Rendezvous:

- **Ein Spaziergang** im Park oder Wald. Sie haben unbeobachtet Gelegenheit zu erzählen und – bei Bedarf – Händchen zu halten und sich zu küssen. Was will man mehr?
- Gemeinsam **Sport machen.** Ob Sie zusammen joggen, Squash oder Tennis spielen, ist ganz gleich. Wenn Sie Ihren sportlichen Ehrgeiz im Zaum halten und darauf achten, die Dame nicht übertrumpfen zu wollen, verbindet die gemeinsame Aktivität und lädt Sie beide mit Energie auf. Der weitere Verlauf der Verabredung kann flexibel gestaltet werden. Vielleicht kochen Sie ja anschließend etwas zusammen?
- Der **Besuch einer Ausstellung oder eines Museums.** Man kann reden, hinterher im Café eine Erfrischung einnehmen. Das Ende bleibt offen.

Nicht so gut geeignet:

- Auch wenn Ihr erster Gedanke vielleicht eine Verabredung zum **Essen im Restaurant** ist, sollten Sie bedenken, dass eine solche Verabredung sehr förmlich ist. Wenn Sie gerne ein Restaurant besuchen wollen, gehen Sie vorher spazieren und/ oder in eine Bar. Das lockert die Atmosphäre.
- Eine **Verabredung zum Kino.** Wenn Sie noch nicht so weit sind, dass Sie in der letzten Reihe knutschen wollen, sitzen Sie die ganze Zeit nebeneinander, können nicht miteinander sprechen und sollen sich auf einen Film konzentrieren, der Sie viel weniger interessiert als die Person neben Ihnen. Fürs dritte Treffen ist Kino allerdings unschlagbar.
- Auch Verabredungen zu **Theateraufführungen** oder **Kunst-Performances** geben Ihnen zu wenig Raum, sich miteinander zu beschäftigen.

Unter Umständen geeignet:

- Die **Einladung zum Essen bei Ihnen zu Hause.** Sehr schön, aber auch sehr verbindlich. Wenn Sie eine Frau zu sich nach Hause einladen, geben Sie sehr viel von sich preis. Nicht nur Ihre Kochkünste.

Der Hahn mit Korb – abgeblitzt

Jetzt haben Sie sich endlich getraut, sind über Ihren Schatten gesprungen, haben trotz fürchterlicher Aufregung den Weg quer durch das Lokal gewagt – und dann so was. Sie blitzen ab. Entweder sofort oder – noch schlimmer –, nachdem Sie schon mitten im Gespräch waren. Statt der Hahn im Korb, sind Sie plötzlich der Hahn *mit* Korb. Wann sollten Sie die Segel streichen, wann haben Sie noch eine Chance? Das richtige Verhalten für eine nicht ganz einfache Situation.

Verpeilt «Nein, ich habe doch nicht *Sie* gemeint», stöhnt der schwarzhaarige Vamp und grinst spöttisch. Und tatsächlich, Sie drehen sich um, und da steht noch ein anderer Kerl (derjenige, den der Vamp dann wohl gemeint hat) und lacht sich kaputt. Was soll man in so einer Situation tun, wenn sich die Zehennägel aufrollen vor Wut, aber auch vor Peinlichkeit? Vielleicht findet man den anderen Typen obendrein als viel besser aussehend als sich selbst. Und dann kommen die gemeinen Gedanken: Was denkt die Frau denn jetzt bloß von mir? Und was geht erst dem anderen durch den Kopf? Bestimmt: Was für ein Trottel. Oder: Was maßt der sich an? Auch wenn solche Gedanken ganz natürlich sind: Stoppen Sie die Selbstzerfleischung. Das bringt nichts außer mieser Laune. Allerdings: Jetzt mit eingezogenem Schwanz wortlos den Rückzug anzutreten tut dem Selbstbewusstsein auch nicht gerade gut. Und aggressiv zu werden wirkt ziemlich unsouverän.

Was tun? Wenn sich andere über Sie lustig machen, kontern Sie mit einem: «Na, umso besser. Ich wollte ja nur nicht unhöflich sein, wenn eine Frau mich anlächelt.» Hört sich zunächst harmlos an, brennt aber nach.

Zweite Chance? Wenn man Sie auslacht, sollten Sie die blöde Ziege flott vergessen. Andernfalls, das heißt wenn die Dame sich korrekt verhält, Ihnen aber trotzdem sagt, dass Sie nicht derjenige welcher waren, lächeln Sie freundlich und sagen Sie nonchalant: «Oh, ein Versehen, das kann passieren. Bedaure. Nun werden Sie leider nie erfahren, was Sie verpasst haben.» Das ist wunderbar charmant – und vielleicht vergisst sie ja den anderen Typen und fragt: «Bevor ich wirklich was bedaure: Was denn?» In diesem Fall sollten Sie natürlich eine Antwort parat haben. Im Stil von: «Das sollten Sie selbst herausfinden. Dürfte ich Ihnen beim nächsten Getränk Gesellschaft leisten?»

Vertröstet Sie sind auf der Party vom Gastgeber der Frau Ihrer Träume vorgestellt worden. Die unterhielt sich zwar gerade angeregt mit einer Bekannten, wendet sich nun aber mit einem netten Lächeln auf den Lippen an Sie. Sie sind selig. Die Bekannte guckt indes ungeduldig und trommelt mit den Fingern auf ihrem Caipirinha-Glas herum, weil sie der Freundin unbedingt noch zu Ende erzählen will, von wem sie denn nun das aufregende Stellenangebot bekommen hat. Jetzt steht aber dieser lästige Typ da rum (das sind Sie!) und funkt dazwischen. Also versucht sie ihrer Freundin mit Blicken und einem genervten Gesichtsausdruck zu vermitteln, dass sie die älteren Gesprächsrechte hat. Ergebnis: Aus heiterem Himmel sagt die Traumfrau zu Ihnen: «Entschuldige, dass ich das hier jetzt so abwürge, aber ich war hier gerade noch mitten im Gespräch.» Und dann dreht sie sich zu ihrer Freundin um und fordert die auf: «Jetzt erzähl: Was war das für ein Angebot?» Sie stehen dumm rum und sind abgemeldet, was Sie nur deshalb so überrascht, weil Sie als Zeichen echten Interesses gewertet haben, was eine Höflichkeitsgeste war.

Was tun? Lächeln Sie. Empfehlen Sie sich mit dem Hinweis, Sie gingen noch mal ein bisschen unter den anderen Gästen herum, und bieten Sie sich an, auf dem Weg für die Damen etwas zu trinken mitzubringen. Wenn Sie das abliefern, lassen Sie Ihr strahlendstes Lächeln sehen. Und dann gehen Sie wieder. Erst mal.

Zweite Chance? Die gibt es möglicherweise, denn dass sich die Hübsche wieder ihrer Freundin zugewandt hat, war wahrscheinlich in erster Linie ein Ergebnis von deren vorbildlicher Erziehung. Und die gebietet es, ein begonnenes Gespräch zu Ende zu führen. Amüsieren Sie sich also, so gut es geht, allein und werfen Sie ab und an mal einen Blick in Richtung Ihrer Auserwählten. Lächeln Sie, flirten Sie mit den Augen nach allen Regeln der Kunst. Wenn sie mitmacht: Warten Sie, bis sie nicht mehr belagert wird. Geht nicht, sie wird immer sofort wieder mit Beschlag belegt von irgendwelchen anderen Partygästen? Warten Sie, bis sie mal muss. Auch wenn man es der Damenwelt nachsagt: Erwachsene Frauen gehen relativ selten in Begleitung von Freundinnen aufs Örtchen. Das heißt, Sie können sie anschließend allein abpassen. Und dann heißt es: It's your turn.

Verfahren Der Flirt hat viel versprechend angefangen, Sie haben sich bereits unterhalten. Und auf einmal merken Sie, wie die Dame den Rückzug antritt. Woran? Ihr Blick schweift ab, sie wird einsilbig, rührt in ihrem Getränk, fummelt abwesend an irgendwelchen Gegenständen wie Platzdeckchen oder Bierdeckeln herum. Das kann verschiedene Gründe haben.

Vielleicht wird ihr der Boden zu heiß. Möglicherweise war sie nämlich nur an einem unverbindlichen Flirt interessiert, um sich die Zeit zu vertreiben. Alles Weitere lehnt sie ab, weil sie bereits fest gebunden ist. Oder auch, weil sie kein wirkliches

Interesse an Ihnen hat. Oder sie hat keine Zeit mehr und will unauffällig auf ein Ende des Gesprächs hinwirken. Oder sie findet bereits jetzt, dass Sie nicht zueinander passen. Oder, oder, oder.

Wie dem auch sei, auf einmal steht sie auf und will gehen.

Was tun? Wenn sie Anzeichen von Desinteresse zeigt, kommen Sie ihr nach Möglichkeit zuvor. Schauen Sie auf die Uhr und tun Sie angesichts der fortgeschrittenen Uhrzeit überrascht. Weisen Sie darauf hin, dass Sie noch eine Menge zu tun haben / morgen früh rausmüssen / in Kürze noch einen wichtigen Termin haben. Bedanken Sie sich höflich für das angenehme Zusammentreffen.

Nehmen Sie außerdem unbedingt Abstand von der Idee, sie vom Gehen abzuhalten. Eine Einladung zu einem Getränk oder einer Weiterführung des Gesprächs an anderem Ort wird sie jetzt vermutlich sowieso ablehnen, und Sie fühlen sich dann komplett zurückgewiesen.

Zweite Chance? Kommt drauf an. Wenn Sie früh bemerken, dass etwas mit dem Verlauf des Flirts nicht in Ordnung ist, können Sie eventuell noch gegensteuern. Vielleicht haben Sie ja etwas gemacht, was ihr die Freude am Flirt verdorben hat? Überlegen Sie: Haben Sie zu viel geredet? Sind Sie auf die Dame eingegangen? Waren Sie zu forsch, weil Sie vielleicht schon ein zweites Treffen im Auge hatten? Schalten Sie einen Gang zurück, und lassen Sie die Dame reden, das wirkt manchmal Wunder.

In jedem Fall können Sie ihr Ihre E-Mail-Adresse da lassen mit der schlichten Bemerkung: «Schreib mir doch mal. Würde mich freuen.» Das ist unverbindlicher als der Telefonnummern-Austausch und gibt ihr die Möglichkeit, nun auf Sie zuzugehen. Und fordern Sie nicht im Gegenzug die Adresse der Dame, das könnte sie als aufdringlich werten. Und Sie kriegen die Adresse ja ohnehin, wenn sie Ihnen schreibt. Und wenn sie das nicht tut, sollten Sie die Angelegenheit abhaken.

Verkühlt Die Frau ist kühl wie ein Eisberg, blockt alles ab, was irgendwie auf einen Flirt hinauslaufen könnte. Von Abblitzen kann im Grunde nicht die Rede sein, denn dazu müsste ja erst mal irgendwas passieren, und nicht einmal längerer Blickkontakt kommt zustande. Die dennoch wagemutig ausgesprochene Aufforderung zum Tanz lehnt die Lady ab, das Freigetränk sowieso, auf jede Bemerkung von Ihnen lächelt sie höchstens gequält. Wenn die Kleine nur nicht so wahnsinnig attraktiv wäre …

Was tun? Das Vernünftigste wäre, die Schultern zu zucken, nichts zu sagen und die schöne Frau eine schöne Frau sein zu lassen. Soll sich doch ein anderer für diesen Kühlschrank zum Affen machen.

Zweite Chance? Eisberg-Frauen zu erobern ist nur etwas für ganz Hartgesottene. Zum Beispiel für Männer mit einem beinahe übersteigerten Selbstbewusstsein oder für hoffnungslos Verliebte, die sich denken: Dann hab ich's wenigstens probiert. Es kann nämlich durchaus sein, dass sie bei ihrer Betonhaltung bleibt, egal, was das balzende Männchen macht. Andererseits ist es natürlich auch richtig, dass Sie sich im schlimmsten Fall lächerlich machen. Falls Ihnen das egal ist: Bleiben Sie dran.

Man munkelt nämlich, es habe vor langer Zeit einmal einen verknallten Ritter gegeben, der auf einem Burgfest alles probiert habe, was man so probieren kann, um die Prinzessin zu erobern. Schließlich habe der Edelmann resigniert gefragt: «Wenn ich schon sonst nichts darf, Edelste, darf ich wenigstens hier stehen?» Das wiederum soll die Angebetete so zum Lachen gebracht haben, dass beide bald darauf ein Paar und eine Weile später verheiratet waren. Und wenn sie nicht gestorben sind …

Verschüchtert Verwechseln Sie ein schüchternes Reh nicht mit einer Eisberg-Frau. Auf den ersten Blick ist das Verhalten fast das Gleiche, wirkt beinahe arrogant. Sie kommen scheinbar nicht an sie heran, sie schlägt die Augen nieder, sagt nichts, schaut ins Leere. Ob es sich tatsächlich um eine schüchterne Frau handelt, erkennen Sie am besten an den nonverbalen Signalen (siehe «Männer, (er)kennt die Signale»): Wenn sie rot wird oder nervös an ihrer Kleidung zupft zum Beispiel.

Was tun? Nicht aufgeben. Die Gebote der Stunde sind Behutsamkeit und Beharrlichkeit. Erzählen Sie ein wenig von sich, fragen Sie ein paar harmlose Dinge. Wie das geht, haben Sie an anderer Stelle in diesem Buch bereits gelesen.

Zweite Chance? Wieso zweite? Nutzen Sie doch einfach schon die erste.

Rache? Die Tusse, die Ihnen zunächst so erstrebenswert vorkam, ist Ihnen wirklich ganz blöd gekommen, und Sie wollen sich irgendwie Luft machen. Sie brauchen dringend eine Gemeinheit, die Sie ihr entgegenschleudern können, damit nicht Ihr restlicher Tag gelaufen ist. Klar wissen Sie, dass es eigentlich cooler wäre, wenn Sie das absolut nicht kratzen würde, aber es kratzt Sie nun mal, und Sie müssen ihr unbedingt einen reinwürgen, sonst werden Sie depressiv.

Achtung! Für diese Situation gilt das Gleiche wie fürs Ansprechen: Zurecht gelegte Sprüche, vor allem Beleidigungen, wirken unsouverän. Und sie vergrößern nur den Triumph der Person, die Sie gedemütigt hat. Denn solche Sprüche machen den Eindruck a) als seien Sie irrsinnig enttäuscht, dass Sie bei der blöden Kuh nicht landen konnten und b) als hätten Sie bereits im Vorfeld damit gerechnet, dass Sie Ablehnung erfahren würden. Und das haben Sie natürlich nicht!

Was tun? Viel souveräner wirkt es, wenn Sie Ihrer Überraschung über die selbstverständlich völlig ungerechtfertigte Abfuhr Ausdruck verleihen. Überraschung dokumentiert nämlich für alle Zeugen der Szene: So etwas passiert diesem (attraktiven, charmanten, vor Esprit sprühenden …) Mann normalerweise nicht. Bleiben Sie also so ruhig, wie es geht. Sagen Sie einen (Überraschungs-)Moment lang nichts, ziehen Sie vielleicht ungläubig die Augenbrauen hoch, heben Sie Achseln zuckend die Hände. Und dann werden Sie ganz höflich und sagen betont ruhig zum Beispiel: «Kein Problem. Bin schon weg.» Und dann lassen Sie sie einfach stehen, auch wenn sie vielleicht ziemlich blöd guckt, weil sie angenommen hat, Sie würden sich jetzt für die Dame zum Clown verwandeln. Aber nicht mit Ihnen!

Die Henne mit Korb – richtig abblitzen lassen

Von Weitem sah sie wirklich gut aus. Wie die junge Farah Fawcett. Aber mit jedem Schritt, den Sie näher kommen, wird deutlicher: Hier wurde stramm und leider nicht besonders gut chirurgisch eingegriffen. Die Frau könnte Ihre Mutter sein! Oder Sie stellen plötzlich fest, dass der Intelligenzquotient der Dame höchstens umgekehrt proportional ihrer auffälligen Oberweite entspricht. Oder Sie stellen fest, dass das, was Sie eigentlich als unverbindlichen Flirt angesehen haben, für die Süße der verzweifelte Versuch ist, einen neuen Vater für ihre fünfjährige Tochter an Land zu ziehen. Oder sie hat noch keinen Nachwuchs, aber die Uhr tickt, und sie will endlich den Erzeuger für ein heiß ersehntes Balg finden. Mit anderen Worten: Sie wollen einfach nur noch weg. Nur wie stellt man das an, ohne die Frau vor den Kopf zu stoßen?

Die «Ach, du bist es ja gar nicht»-Methode Wenn Sie unmittelbar beim Näherkommen feststellen, dass Ihr Flirt optisch so gar nicht dem entspricht, was Sie aus zwanzig Metern Entfernung erwartet haben, und Ihnen die Lust auf ein Gespräch vergangen ist, wenden Sie sich bitte nicht mit einem «Uah!» ab (wie man das als vierzehnjähriger Teenager noch gemacht hat). Sie müssen jetzt aber auch nicht gemäß Omis Motto «Wer A sagt, muss auch B sagen» bei ihr ausharren, obwohl Sie eigentlich gar keine Lust dazu haben.

Schauen Sie vielmehr verdutzt, wenn Sie bei ihr angekommen sind. Lächeln Sie höflich und sagen Sie: «Mensch, da hab ich dich doch glatt verwechselt. Ich dachte, du seist die Lena aus dem Töpferkurs/Management-Seminar. Entschuldige.» Das funktioniert immer, denn was soll sie darauf schon anderes sagen als: «Keine Ursache»?

Die Gentleman-Methode Diese Methode können Sie wunderbar anwenden, wenn Sie bereits in ein Gespräch verstrickt sind und plötzlich kalte Füße bekommen. Die Gentleman-Methode erfordert ein wenig Übung und ein wenig Zeit, aber sie ist auch die sanfteste aller Abblitz-Techniken. Sie fühlt sich nämlich gar nicht an wie eine Abfuhr, vielmehr lässt sie der betreffenden Frau das Herz weich werden. Sie ist darum auch hervorragend geeignet, um Frauen abzuweisen, von denen Sie sich zu einem späteren Zeitpunkt eventuell einen Vorteil erhoffen (Steuerberaterinnen, Immobilienmaklerinnen, Ihre Sachbearbeiterin beim Finanzamt) oder bei denen Sie noch unschlüssig sind, ob Sie nicht vielleicht doch irgendwann einmal etwas von ihnen wollen könnten.

Machen Sie der Dame charmante Komplimente, flirten Sie weiterhin mit ihr, geben Sie ihr das Gefühl, eine tolle Frau zu sein. Betrachten Sie die Sache ganz einfach als Flirt-Übung oder stellen Sie sich vor, Sie seien ein Boy von einem Begleitservice, der von einer gut betuchten Lady gebucht worden ist, um ihr den Abend in der fremden Stadt zu versüßen. Irgendwann seufzen Sie tief. Schweigen Sie, betrachten Sie traurig Ihr Glas oder lassen Sie Ihren Blick über die Landschaft gleiten. Warten Sie, bis sie fragt: «Was ist los?» Dann sehen Sie ihr tief in die Augen. Sagen Sie: «Ich muss dir etwas gestehen. Hätten wir uns zu einer anderen Zeit an einem anderen Ort getroffen, würde ich jetzt alles daran setzen, dich zu erobern. Aber mein Herz ist bereits vergeben.»

Falls Sie eher der nüchterne Typ sind, können Sie natürlich auch eine etwas neutralere Formulierung wählen und den Part mit dem «vergebenen Herzen» durch: «Ich bin verheiratet/vergeben», ersetzen.

Dann sollten Sie noch betonen, dass Sie nicht der Mann für eine Nacht sind. Versichern Sie, dass Sie andernfalls nun selbstverständlich alles versuchen würden, die Dame zu verführen. Koste es, was es wolle.

Sie brauchen sich wirklich nicht schäbig vorzukommen, denn Sie weisen gerade nicht nur eine Frau ab, Sie machen sie dabei auch noch glücklich. Sie wird Sie als ehrenhaften Charmeur in Erinnerung behalten. Vergessen Sie nicht, sich ihre Telefonnummer zu sichern. Denn man weiß ja nie.

Die Anti-Seelenverwandtschafts-Methode Genauso, wie man ein Gespräch so lenken kann, dass sich den Beteiligten die Vermutung aufdrängt, die Gesprächspartner seien seelenverwandt, kann man einen Dialog auch in umgekehrter Richtung steuern. Das ist im Prinzip noch einfacher. Allerdings sollte es Ihnen nichts ausmachen, wenn die abzuweisende Person Sie im Anschluss für einen Langweiler, Angeber oder unsensiblen Klotz hält. Das ist Ihnen wurscht? Dann müssen Sie nur folgende Ratschläge beachten:

- *Geben Sie an, was das Zeug hält. Überbieten Sie die Frau wie beim Quartett. Wenn sie Ihnen stolz erzählt, dass sie schon mal aus fünfzig Metern einen Bungee-Sprung gewagt hat, sind Sie eben aus sechzig Metern Höhe gesprungen. Oder noch besser: Sie zeigen sich unbeeindruckt und sagen ihr, Sie fänden Bungee-Springen kein bisschen aufregend. Ihren eigenen Kick bekommen Sie höchstens beim Fallschirmsprung mit in letzter Sekunde gezogener Leine oder beim Iron-Man auf Hawaii (Bitte auf Glaubwürdigkeit achten. Einem Herrn mit Obelix-Figur wird sie das vermutlich nicht abnehmen).*
- *Bleiben Sie bei Themen, die der Frau offenbar liegen, möglichst einsilbig. Sagen wir, sie schwadroniert begeistert über die Flora und Fauna der schottischen Berge. Gucken Sie geistesabwesend aus dem Fenster, wenn sie von den entzückenden Berglämmlein erzählt, denen sie beim Grasrupfen zugesehen hat. Gehen Sie auf nichts ein. Sagen Sie nie: «Das kenne ich».*
- *Leiten Sie dann abrupt zu einem Thema über, das möglichst wenig mit dem Feld zu tun hat, das die Dame soeben angeschnitten hatte, etwa von der Flora und Fauna zu den tollen Speed-Car-Rennen in der Oberlausitz. Auf diese Weise betonen Sie die Verschiedenheit Ihrer Charaktere.*
- *Fokussieren Sie Ihre Äußerungen ausschließlich auf Ihre Verschiedenheiten. Wenn Sie zum Beispiel merken, dass es sich bei ihr um eine Folk-Hasserin handelt, berichten Sie ausführlich von Ihren raren Aufnahmen von verschiedenen Festivals. Nennen Sie Namen von Künstlern, die die Frau noch nie gehört hat. Geraten Sie ins Schwärmen. Falls sie sich als Liebhaberin von Sushi entpuppt, verdeutlichen Sie Ihre Abscheu rohem Fisch gegenüber. Ist sie überzeugte Vegetarierin, erzählen Sie ihr vom letzten großartigen Grillabend. Und so fort.*

Wenn Sie sich streng an diese Tipps halten, wird sie mehr als erleichtert sein, wenn Sie irgendwann sagen: «Ich muss jetzt los. Man sieht sich.» Wahrscheinlich hat sie schon überlegt, wie sie Ihnen am schonendsten klar macht, dass Sie beide grundverschiedene Charaktere haben.

Die Korb-Express-Methode Sie haben jetzt keine Lust, stundenlang den Gentleman zu mimen, Sie sind schließlich nicht Heinz Rühmann. Sie möchten zwar in einigermaßen guter Erinnerung bleiben, aber viel Zeitaufwand ist Ihnen das auch wiederum nicht wert? Sie wollen eben nur nicht grob unhöflich sein? Dann simulieren Sie einen gewichtigen Grund, der Sie zwingt, sofort nach Hause (ins Büro / zu Ihrer kirgisischen Bulldogge / zum Arzt) zu eilen.

- *Stoppen Sie mitten im Gespräch mit offenem Mund. Sagen Sie: «O Gott!» Fangen Sie hektisch an, Ihre Taschen nach dem Autoschlüssel abzusuchen, und flüstern Sie dabei panisch: «Ich hab den Herd angelassen (den Hund im Vorgarten nicht angeleint / einen wichtigen Termin mit meinem Anwalt). Ich muss sofort weg. Tut mir Leid.»*
- *Oder nehmen Sie Ihr Handy, wählen Sie die Option «Klingeltöne» und lassen Sie es bimmeln. Tun Sie so, als sei Ihr Chef am Apparat, der Sie ins Büro zurückpfeift. Oder Ihr Vermieter, der von einem Wasserrohrbruch berichtet. Jedenfalls müssen Sie «leider, leider» das schöne Gespräch abbrechen.*
- *Verziehen Sie das Gesicht, halten Sie sich die Wange. Gehen Sie zur Toilette. Wenn Sie zurück kommen, behaupten Sie, Ihnen sei plötzlich etwas vom Zahn abgebrochen und Sie müssten unverzüglich Ihren Zahnarzt aufsuchen.*
  Und weg sind Sie!

Extra: Flirt medial

Flirten per Kontaktanzeige – Singles zum Bestellen

Dieser Slogan, mit dem einige Zeitschriften um Aufmerksamkeit werben, erinnert an einen Versandkatalog und klingt verlockend. Auch die den Publikationen beigelegten Heftchen, in denen sich die Singles vorstellen, machen Appetit aufs Kennenlernen. Die süße Blondine, die neben ihrem Steckbrief zu sehen ist, einfach nach Hause ordern zu können – das wär's doch. So einfach funktioniert die Sache natürlich nicht. Ob Sie sich nun auf eine Anzeige mit Foto melden oder auf einen bildlosen Chiffre-Mehrzeiler: Wirklich bestellt wird hier niemand. Vielmehr bewerben Sie sich bei der Dame um ein Blind Date wie um eine Stelle. Mit umso mehr Mitbewerbern, je vielversprechender die Annonce war.

Vielleicht haben Sie ja auch selbst so eine Anzeige aufgegeben und warten gespannt auf die eingehenden Bewerbungsschreiben, eine Sache bleibt gleich: Kommt das Date schließlich zustande, folgt das Flirten eigenen Regeln, die nicht hundertprozentig denen eines sich zufällig ergebenden Flirts entsprechen. Das liegt an den unterschiedlichen Voraussetzungen. Denn wer eine Kontaktanzeige aufgibt, sucht meist ernsthaft einen neuen Partner. Das nimmt dem Flirt beim Blind Date ein wenig die Leichtigkeit. Umso wichtiger ist es, seine eigenen Erwartungen zu zügeln und auch ein Blind Date als Spiel zu betrachten, bei dem es nicht darum geht, zu gewinnen, sondern einfach nur darum, mit einer zweiten Person ein wenig Spaß zu haben.

Auf eine Anzeige antworten Sollten Sie sich dazu entschließen, auf eine Anzeige zu antworten, beachten Sie vor allem eines: Gehen Sie auf Details der Anzeige ein, auf die Sie sich melden. Wenn die Dame darauf hinweist, sich gerne in der Natur aufzuhalten, schreiben Sie zum Beispiel, dass Sie Spaziergänge lieben (natürlich nur, wenn das stimmt). Machen Sie auf gar keinen Fall Fotokopien Ihres Anschreibens, und benutzen Sie – falls Sie an eine E-Mail-Adresse schreiben – nicht die Copy-Paste-Funktion. Natürlich spart das Arbeit, wenn Sie auf mehrere Anzeigen antworten. Aber dieses Vorgehen verhindert zuverlässig den Erfolg. Frauen haben eine Spürnase für «Massenware» – und sortieren derartige Briefe gnadenlos aus.

Verfassen Sie maximal eine Seite, auf der Sie sich selbst beschreiben. Bei nicht elektronischen Briefen am besten per Hand, zumindest sofern man Ihre Schrift entziffern kann. Erklären Sie, warum Sie gerade diese und keine andere Annonce besonders angesprochen hat. Legen Sie schließlich ein aktuelles gelungenes Foto von sich bei (auch wenn das im Text nicht gefordert wurde), beziehungsweise hängen Sie es an eine Mail an. Das erhöht die Trefferquote. Und dann: Ab die Post.

Selber eine Anzeige aufgeben Wenn Sie selber eine Anzeige aufgeben, sind Sie in der angenehmen Position, sich die Damen, mit denen Sie sich treffen wollen, aussuchen zu können. Doch dazu müssen Sie zunächst einmal ein paar Zeilen verfassen. Oft liest man in den von Männern geschriebenen Kontaktanzeigen lange Wunschlisten über die ersehnte Traumfrau, aber wenig über den Suchenden. Hier ist der Misserfolg vorprogrammiert, denn für die Katze, pardon, den Mann im Sack greift kaum eine Dame zu Papier und Kugelschreiber. Auch Pseudo-Poesie à la «Sei der funkelnde Stern meiner lauen Nächte» kommt bei tatsächlich funkelnden Sternen meist nicht so gut an wie erhofft.

Damit Sie also überhaupt zu einem Date kommen, bei dem Sie flirten können, bitten Sie am besten einen guten Freund, ein paar Sätze über Sie zu schreiben, die Sie in positivem Licht erscheinen lassen, aber dennoch wahrheitsgemäß charakterisieren. Freunde haben da meist ein erstaunlich klares Bild. Dem fügen Sie selbst noch die wichtigsten Eigenschaften hinzu, die Ihr Blind Date haben soll. Das dürfen neben Charakterzügen durchaus auch für Sie wichtige Äußerlichkeiten sein. Wenn Sie wissen, dass Sie partout nur auf schlanke Frauen stehen, sollten Sie das auch aufschreiben. Sie müssen sich dafür nicht schämen oder sich oberflächlich vorkommen. Sehen Sie es einfach so: Sie sparen den molligen Frauen die Mühe, Ihnen einen Brief zu schreiben.

Sich verabreden Ob Sie sich bei einer Frau melden, die Ihnen einen Brief geschrieben hat, oder umgekehrt: Die Verabredung zum Blind Date erfolgt fast immer per Telefon. Schreiben Sie vor dem Telefonat stichwortartig noch offene Fragen zu Ihrem potenziellen Rendezvous auf. Ist die Dame dick oder dünn, größer oder kleiner als Sie selbst? Hat sie eine Ausbildung zur Bäckereifachverkäuferin, oder ist sie Mathematikdozentin? So eine Liste wirkt zwar unromantisch, aber sie hilft, im Vorfeld zu klären, ob sich ein Treffen überhaupt lohnt. Um vorbereitet zu sein, falls Sie selber in der Position des Anzurufenden sind, legen Sie die Liste neben das Telefon.

Es bimmelt – sie ist dran. Atmen Sie tief durch, bleiben Sie ganz ruhig. Und machen Sie trotz Frageliste aus dem Telefonat keine Quizshow. Betrachten Sie Ihre Liste nur als Gedächtnisstütze! Also: Keine formulierten Sätze ablesen. Erzählen Sie stattdessen ein wenig (!) von sich – im Themengebiet, über das Sie Auskunft wünschen – und knüpfen Sie dann locker daran an. Das heißt, statt zu fragen: «Was sind deine Hobbys?», berichten Sie von Ihrem letzten Kicken mit den Kumpels im Park und fragen anschließend: «Und? Machst du auch manchmal Sport?» Und statt Maße abzufragen («90-60-90?»), beschreiben Sie lieber sich selbst, dann wird sie wahrscheinlich das Gleiche tun. Wichtig: Sehen Sie das Gespräch als Ping-Pong-Spiel, jeder ist mal am Ball.

Da haben Sie nun eine Viertelstunde geplaudert und festgestellt, dass Sie beide auf Cat-Stevens-Songs stehen, plötzlich erwähnt sie, dass sie aussieht wie Grace Kelly. Das Problem: Sie können nur mit dunkelhaarigen Frauen. Sagen Sie in diesem Fall mit einem Schuss Diplomatie: «Du klingst sehr sympathisch, aber ich muss dir gestehen, dass ich eine Macke habe: Ich stehe nur auf Schwarzhaarige.» Besser im Vorfeld allen Mut zusammen und das Risiko in Kauf nehmen, oberflächlich zu erscheinen, als ein ganzes Treffen über die Bühne zu bringen – mit dem absehbar gleichen Ergebnis. Umgekehrt müssen Sie natürlich auch eine Abfuhr ertragen.

Angenommen, Sie kommen zu dem Schluss: *Die* Frau würde ich gerne treffen. Dann ist die Frage: Wo? Zweck Ihrer Verabredung ist das gegenseitige Kennenlernen, also sollten Sie sich im Idealfall unterhalten können. Optimal für diesen Zweck ist ein ruhiges Café. Das Lokal sollte möglichst in der Mitte zwischen Ihren beiden Wohnorten liegen – aber nicht Ihr Stammlokal sein. Es sei denn, Sie finden es spitze, wenn alle zwei Minuten ein Kumpel an Ihren Tisch kommt und Bemerkungen macht wie: «Tach, Dieter, darf ich mich zu euch setzen, willste mich nich mal vorstellen?» Da könnte Ihre Begleitung zu Recht ungehalten reagieren.

Ebenfalls ungünstig ist die eigene oder die Wohnung Ihres Dates – jede nicht hoffnungslos naive Frau wird da misstrauisch. Genauso ist von einer Pinte ganz weit draußen abzuraten – es kann passieren, dass Sie versetzt werden, da ist ein weiter Rückweg ärgerlich.

Legen Sie bereits beim Telefongespräch eine zeitliche Begrenzung für das Rendezvous fest. Ideal sind ein bis zwei Stunden. So müssen Sie bei Nichtgefallen nicht endlos durchhalten, sondern können sich nach der vereinbarten Zeitspanne aus dem Staub machen. Und wenn es funkt, können Sie ja immer noch überziehen.

Machen Sie außerdem aus, Fotos zum Treffpunkt mitzubringen. Von Ihrer Wohnung, dem letzten Urlaub, von Freunden, Ihren Haustieren … So erfahren Sie nicht nur mehr über den anderen, sondern haben außerdem einen Gesprächsaufhänger.

Das Treffen Für ein Blind Date bereiten Sie sich vor wie auf jedes Rendezvous: Duschen, Zähne putzen, Parfüm benutzen et cetera. Verzichten Sie aber darauf, sich extra chic zu machen. Ziehen Sie die Kleidung an, in der Sie sich am wohlsten fühlen. Verkleiden fällt unter Vorspiegelung falscher Tatsachen und ist darum verboten! Bevor Sie losziehen, schrauben Sie dann noch Ihre Erwartungen runter. Die Wahrscheinlichkeit, dass Sie Miss «Universum» begegnen, ist ein wenig kleiner als ein Treffen mit Miss «Mittelmaß». Anschließend packen Sie etwas zu lesen ein. Eine Tageszeitung bewahrt Sie bis zum Eintreffen der Dame davor, untätig herumzusitzen bis sich ihre Nervosität ins Unendliche steigert. Richten Sie es so ein, dass Sie eine Viertelstunde vor dem vereinbarten Termin am Treffpunkt sind. Setzen Sie sich in eine ruhige Ecke und entspannen Sie sich mit der Lektüre. Aber bestellen Sie noch nichts zu trinken, das ist unhöflich.

Die Tür geht auf, Sie sehen die «Zeit» unter dem Arm – das vereinbarte Erkennungszeichen – und staunen nur noch: Wow, was für eine Frau! Doch was ist, wenn Sie sofort denken: Au weia! Einfach das Erkennungszeichen verschwinden lassen? Verwerfen Sie diesen unfairen Gedanken bitte schleunigst. Eine Weile müssen Sie das jetzt durchhalten. Wie Sie sich bereits während des Blind Dates auf den Heimweg machen können, lesen Sie im Kapitel «Die Henne mit Korb».

Was auch immer Sie jetzt von der Dame denken, seien Sie höflich. Das macht nicht nur einen guten Eindruck, sondern hilft, die erste Zeit und Unsicherheit zu überbrücken. Den Stuhl zurechtrücken, aus dem Mantel helfen – Frauen mögen es, mit einem Kavalier alter Schule auszugehen. Im Anschluss greifen Sie auf Small Talk zurück: Das Wetter oder Ihr Weg zum Treffpunkt bieten einen Ansatzpunkt für die ersten Minuten – bis sich die beiderseitige Nervosität etwas gelegt hat.

Jetzt ist der Moment gekommen, die Fotos herauszuholen. Stellen Sie Fragen zu denen, die Ihr Gegenüber mitgebracht hat. Erzählen Sie etwas zu den eigenen.

Der weitere Verlauf eines Blind Date ist im Prinzip identisch mit dem eines zufällig zustande gekommenen Flirts: die Gesprächsthemen, die Handhabung von Komplimenten, die Notwendigkeit des Zuhörens usw. Darüber lesen Sie an anderer Stelle dieses Buches mehr.

Die Verabschiedung Das Ende des Blind Date fällt noch einmal aus dem Rahmen des «normalen» Flirts. Denn beim Blind Date wird nun von Ihnen erwartet, dass Sie eine Beurteilung der Dame abgeben. Und natürlich wird sie Ihnen umgekehrt auch sagen, was sie von Ihnen hält – und ob sie an einem weiteren Treffen Interesse hat.

Leiten Sie dennoch das Ende des Date keinesfalls mit den Worten «Wie findest du mich?» ein. Das gehört in die gleiche Kategorie wie das postkoitale: «Wie war ich?» Doch auch ohne diesen Fauxpas bleibt der Abschied heikel. Wenn Sie sich nicht ganz sicher sind, ob Sie die Frau wieder sehen wollen, helfen Sie sich mit dem Satz: «Ich habe einen Grundsatz: Erst mal drüber schlafen. Ich rufe dich an.» Sollten Sie die Frau gerne noch einmal treffen wollen, können Sie das natürlich direkt zugeben. Das birgt allerdings immer auch das Risiko eines Korbes. Akzeptieren Sie einen solchen genauso wie die Bitte um Bedenkzeit. Wie Sie mit einem Korb am besten umgehen, lesen Sie übrigens im Kapitel «Der Hahn mit Korb».

Der Fisch geht ins Netz – Flirten im Internet

Heutzutage lernen etwa doppelt so viele Menschen ihren Partner über das Internet kennen wie im Urlaub. Das haben Marktforschungen ergeben. Darum sollte man das Internet als potenziellen Flirtplatz kurz unter die Lupe nehmen. Ein gemeinsames Merkmal aller Flirt-Gelegenheiten im Netz ist es, dass hier im Prinzip das Pferd von hinten aufgezäumt und alle moderne Attraktivitätsforschung ad absurdum geführt wird: Nicht körperliche Attribute sorgen für Anziehung, sondern man tritt zuerst in schriftlichen Kontakt, entwickelt Sympathie und lernt sich erst dann – eventuell – im realen Leben kennen.

Der Fokus des Kennenlernens im Netz liegt also zunächst auf den inneren Werten. Das klingt gut. Doch Probleme liegen ebenso auf der Hand. Erstens: Steht man sich nicht Angesicht zu Angesicht gegenüber, wird schon mal geflunkert, was das Zeug hält. Zweitens: Wer im «echten Leben» flirtet, hat auf jeden Fall einen großen Vorteil in Bezug auf nicht sprachliche Informationen. Er weiß, wie die umworbene Dame aussieht, wie sie spricht, und – nicht zuletzt – auch, wie sie duftet.

Flirten in Chats Im Chat lässt es sich lustig flirten. Allerdings sollten Sie einen sich hier entwickelnden Flirt nicht allzu ernst nehmen. Nicknames wie «Fladen31» oder «MinnieMaus» und das enorme Tempo, mit dem in die Tasten gehauen wird, erlauben meist nur sehr oberflächliches Geplänkel und lassen ein richtiges Kennenlernen kaum zu. Viele Chatter machen sich zudem einen Spaß daraus, eine andere Identität anzunehmen. Da wird das Geschlecht so schnell gewechselt, dass einem schwindlig wird. Und unter dem Nick «Superbabe» lässt es sich natürlich selbst für Günni, 54, Flugzeugbauer aus Buxtehude, trefflich behaupten, er sei ein dreiundzwanzigjähriges Model mit den Maßen 90-60-90, eins fünfundsiebzig groß und blond. Und auch, wenn man sich mit einer bestimmten Person zum privaten Plausch im virtuellen Separée zurückziehen kann, bleibt die Gefahr, dass die Wahrheit doch stark verschleiert wird.

Fazit: Flirten geht zwar, aber unter Umständen versprühen Sie Ihren Charme an die falsche Adresse.

Flirten in Foren Foren gibt es zu allen möglichen Themen. Auf den Websites von Bands finden Sie ebenso Foren wie auf den Seiten von Internet-Auktionshäusern oder Urlaubsorten in Oberbayern. Es gibt Foren zu Fernsehserien und Büchern aus der Bestsellerliste, zu Hollywoodstars oder Hobbys wie Karate. Foren gibt es auf den Seiten von Universitäten oder Zeitschriften, und es gibt auch eine ganze Reihe von Foren, die nur zum Zwecke des Plauderns ins Leben gerufen wurden: Als Mitglied kann man ein Thema vorschlagen und dazu ein Diskussionsunterforum, einen so genannten «thread» (englisch für «(roter) Faden») eröffnen oder sich an bereits existierenden threads beteiligen.

Der Vorteil fürs Flirten liegt auf der Hand: Man hat ein gemeinsames Thema, über das gesprochen, pardon, geschrieben wird. Da ergibt sich schnell eine Sympathie, schon allein dadurch, dass man vielleicht im virtuellen Raum endlich eine Frau trifft, die die eigene Begeisterung für von Hand gefertigte Flugzeugmodelle teilt. Weitere Vorteile sind, dass die Teilnehmer an Foren sich in der Regel nicht verstellen. Hier sollte man sich von den phantasievollen «Benutzernamen» – wie die Nicknames hier meist genannt werden – nicht täuschen lassen. Angenehm ist, dass Antworten in Ruhe sogar offline formuliert werden können. Ideal für Leute, denen im echten Leben die schlagfertigsten Antworten immer erst hinterher einfallen, und auch wunderbar für Schüchterne.

Das Kennenlern-Potenzial liegt im Detail: Je nach Web-Site ergeben sich über Foren Fahrgemeinschaften zu Konzerten oder anderen kulturellen Ereignissen, auf anderen Seiten werden vielleicht Rezepte oder CDs getauscht. Eine Menge Foren bieten auch die Möglichkeit, private Nachrichten an Mitglieder zu schicken, die einem besonders nett erscheinen. Diese Messages können dann nur von der betreffenden Person gelesen werden. Hier kann man dann auch die E-Mail-Adressen austauschen. Gut, um sich außerhalb des Netzes zu verabreden.

Wenn Sie unerfahren sind, was Foren betrifft, empfiehlt es sich, einfach mal im Netz Ihren Interessen gemäß zu stöbern. Besuchen Sie die Seiten Ihrer Lieblingsbands oder Ihrer favorisierten Zeitschrift, geben Sie in eine Suchmaschine Ihr Hobby ein. Sobald Sie dann ein Forum gefunden haben, das Ihnen zusagt, melden Sie sich an – und los geht's.

Fazit: Das Flirten in Foren, die nicht von vorne herein auf Partnersuche programmiert sind, kommt dem zwanglosen Alltags-Flirt nahe. Verborgene Cyrano-de-Bergerac-Talente können hier ihre Schreibfertigkeiten zur Geltung bringen. Das große Manko: Man sieht sich nicht. Da kann es bei eventuellen Treffen, für die man ja zuweilen lange Fahrten auf sich nimmt, herbe Enttäuschungen geben. Tipp: Vorher ein bisschen per E-Mail plaudern und digital Bilder austauschen.

Flirten per Flirtportal Flirtportale, also Webseiten, die speziell dem Flirten gewidmet sind, werden auch schon mal «Partnersuchmaschine» genannt. Hört sich dieser Begriff auch technisch und unromantisch an, trifft er den Kern der Sache doch sehr genau. Im Grunde ist eine Partnersuchmaschine nichts anderes als eine Kontaktbörse im Internet, die irgendwo zwischen klassischen Kontaktanzeigen und Heiratsannoncen liegt, kombiniert mit der elektronischen Kommunikation eines Forums. Viele Leute suchen hier den Partner fürs Leben – vor allem User über dreißig, das haben Umfragen ergeben.

Vorteil: Kontakt ist schnell hergestellt, und Sie können fast sicher sein, dass Sie hier auf Menschen treffen, die wirklich einen Partner suchen und sich nicht nur ein Späßchen erlauben. Wer sich auf einer offiziell als Flirtportal deklarierten Seite vorstellt, zeigt sich außerdem fast immer mit Foto und stellt einen kurzen Steckbrief dazu. Vermutlich wird die betreffende Person zwar eher ein Bild ihrer Schokoladenseite auswählen und auch nicht freimütig zugeben, dass sie einem Hobby wie Hannibal Lecter frönt. Aber vor Überraschungen sind Sie ja auch im richtigen Leben nicht gefeit: Wissen Sie beim Kennenlernen im Café, was unter der Schminke Ihrer neuen Bekanntschaft verborgen wird? Und ob das Sharon Stone Look Alike nicht vielleicht einen Eispickel unter dem Bett versteckt?

Wenn Sie die ganze Sache locker sehen, können Sie in Flirtportalen und den dort angebotenen Chats und Foren großen Spaß haben. Kommt es zum Treffen, ist die Situation identisch mit der einer über eine Kontaktanzeige zustande gekommenen Verabredung. Details dazu lesen Sie unter «Flirten per Kontaktanzeige».

Fazit: Am besten sind jene Sites, die neben der Möglichkeit, virtuelle Kontaktanzeigen aufzugeben und darauf zu reagieren, auch noch Sport- und Freizeitpartner vermitteln. Das lockert die Angelegenheit auf und gibt Gelegenheit zum lockeren Plausch in den angeschlossenen Foren.

Flirten irgendwo im Netz Das Netz-Pendant zu Zufallsbekanntschaften im Supermarkt oder im Stadion sind die zufälligen Kontakte, wenn man eigentlich etwas komplett anderes erledigen möchte. So kann es zum Beispiel passieren, dass Sie im Internet einen CD-Player ersteigern. Verkäuferin ist eine Frau, die irgendwo in der Nähe wohnt. Erst gehen die Mails hin und her, Details der Lieferung betreffend. Irgendwie merkt man schließlich, dass hier zwei den gleichen Humor haben. Unter dem Vorwand, Porto sparen zu wollen, fährt man schließlich direkt hin – und, schwupp, sprühen die Funken.

Die bereits erwähnten Foren sind für solche Zufallsbekanntschaften ideal. Wie auch im Leben außerhalb des Netzes gilt hier der Grundsatz: Augen offen halten hilft!

Fazit: Flirten lässt sich überall. Auch im Internet.

Zum Schluss: Üben, üben, üben

Flirt-Gelegenheiten gibt es viele! Wenn Sie bis hierher gelesen haben, sind Sie ein Flirt-Profi. Theoretisch. Damit Sie auch in der Praxis einer werden, gibt es nur eins: Trainieren Sie das Flirten. Erkennen und nutzen Sie Gelegenheiten zum Flirt. Und bitte probieren Sie Ihre Charmeur-Künste nicht nur an Frauen, die Sie als potenzielle Sexualpartnerinnen interessieren. Proben Sie in Situationen, in denen es auf nichts ankommt.

Über ein Lächeln und ein nettes Gespräch freut sich auch – beispielsweise – Ihre weißhaarige Nachbarin, die wegen ihrer Gehprobleme kaum noch vor die Tür kommt, die Sie aber immer im Hausflur treffen, wenn sie dort die Blumen gießt. Stellen Sie sich vor, wie sie als junge Frau ausgesehen hat. Machen Sie ihr Komplimente. Keine Angst, sie wird das nicht als Hinweis dafür verstehen, dass Sie an ihr interessiert sind – Frauen sind realistischer, als Sie glauben! Aber sie wird sich freuen. Und Ihnen vielleicht ein Likörchen anbieten oder den neuesten Klatsch aus dem Häuserblock zum Besten geben. Vielleicht erfahren Sie ja auf diese Weise, dass nebenan eine attraktive Studentin einziehen wird? Oder machen gleich die Bekanntschaft der süßen Enkelin.

Vorteilhaft kann es auch sein, mit den Politessen zu flirten, die Ihnen begegnen. Und zwar nicht erst, wenn Sie eine Knolle an Ihrem Gefährt entdecken. Zwinkern Sie den Ordnungshüterinnen zu, seien Sie freundlich. Das sind die nämlich nicht gewohnt, normalerweise werden Politessen von jedem Autobesitzer misstrauisch beäugt und oft sogar angepöbelt. Genau deswegen zeigen sie sich besonders dankbar. Und wenn Sie dann vielleicht ein paar Tage später zu Ihrem Wagen rennen, an dem eine der Damen gerade einen Strafzettel anbringen möchte, könnte es sein, dass sie ihn bei Ihrem Anblick wieder entfernt: Das ist ja der charmante Typ von neulich. Na, da drück ich noch mal ein Auge zu.

Sie sehen: Gelegenheiten zum Flirt gibt es viele. Sie machen dadurch nicht nur Frauen glücklich, sondern werden auch immer besser. Da kann die Traumfrau ruhig kommen.

Die Autorin

Christiane Bongertz studierte Kommunikationswissenschaft mit dem Schwerpunkt «Zwischenmenschliche Kommunikation» in Essen. Teilnahme an verschiedenen Forschungsprojekten zur Kommunikation zwischen Männern und Frauen. Schon vor ihrem Studienabschluss arbeitete sie als Redakteurin für die Frauenzeitschrift «Allegra». Dort kümmerte sie sich unter anderem um die Themen «Männer» und «Sex». Heute lebt Christiane Bongertz als freie Autorin und Journalistin für zahlreiche Zeitschriften und Zeitungen in Köln. Sie schreibt regelmäßig für «Men's Health». Frau Bongertz flirtet selbst gern und häufig, selbstverständlich mit rein wissenschaftlicher Motivation.

Bildquellen

Seiten 2, 4, 5, 23, 138, 147
Image Source AG

Seiten 3, 4, 5, 6, 15, 55, 109
EyeWire

Seite 4, 5, 7, 87
electraVision

Seiten 4, 5, 6, 35, 43, 65, 75, 123
PhotoDisc®

Seite 149
Michaela Bovie

Bücher zum Thema

rororo Men's Health

Men's Health: Muskelpillen – Die besten Fitmacher: Alle Präparate im Test
von Katharina Butz / Detlef Icheln (rororo 61178)

Men's Health: Penis pur. Was Männer wissen wollen
von Katharina Butz / Detlef Icheln (rororo 60691)

Men's Health: Bodyguide Mann. Fakten, Vorurteile und Funktionen
von Thomas Lazar (rororo 61113)

Men's Health: Der Survival-Guide: Was echte Männer können müssen
von Wolfgang Melcher (rororo 60860)

Men's Health: Know-how für Helden. Wie Mann alle Katastrophen meistert
von Wolfgang Melcher (rororo 61123)

Men's Health: So macht Mann brave Mädchen wild. Der ultimative Erotik-Guide
von Astrid-Christina Richtsfeld (rororo 60680)

Men's Health: Bei der nächsten Frau wird alles anders. Was Männer sich sparen können
von Astrid-Christina Richtsfeld (rororo 61116)

Men's Health: Das Schnarchbuch. Legenden, Auslöser, Gegenmittel
von Peter Spork (rororo 61155)

Men's Health: Bodyconcept Bauch. Der ultimative Kraft-, Ausdauer- und Ernährungsguide
von Thorsten Tschirner / Christine Wolters (rororo 61140)

Men's Health: Du siehst gut aus! Der Pflege-Guide für Männer
von Astrid Wronsky (rororo 60848)

Men's Health: Der Style-Guide. Mode-Ratgeber für Männer
von Bernhard Roetzel (rororo 61323)

Men's Health: Power-Workout für Body & Soul
von Robert S. Polster (rororo 61027)

Men's Health: Bodyconcept Laufen. Der Guide für Ausrüstung, Technik, Training
von Markus Stenglein/Rainer Müller-Hörner (rororo 61375)

Men's Health: Weg mit der Wampe. Der Guide für eine schlanke Ernährung
von Kirsten Thieme (rororo 61374)

S 13/2a

rororo Ratgeber Men's Health

Über Sex, Lifestyle und wie Mann alle Katastrophen meistert

Das Flirt-Buch für Männer
Christiane Bongertz
3-499-61500-2

Penis pur
Was Männer wissen wollen
Katharina Butz/Detlef Icheln
3-499-60691-7

Mach's noch einmal, Schatz
Was Frauen wollen
Christiane Bongertz
3-499-61373-5

Die richtige Frau für mich
Rezepte für eine glückliche Partnerschaft. Christiane Kolb
3-499-61918-0

So macht Mann brave Mädchen wild
Der ultimative Erotik-Guide
Astrid-Christina Richtsfeld
3-499-61984-9

Bei der nächsten Frau wird alles anders
Was Männer sich sparen können
Astrid-Christina Richtsfeld
3-499-61116-3

Der Style-Guide
Mode-Ratgeber für Männer
Profitipps rund ums Outfit
Bernhard Roetzel. 3-499-61323-9

Der ultimative Männer-Guide
Pflege und Style – Workout – Sex – Ernährung. Bernd Gottwald (Hg.)

3-499-61674-2

Weitere Informationen in der Rowohlt Revue oder unter www.rororo.de

S 33/2

Liebe und Partnerschaft bei rororo

Warum wir aufeinander fliegen – und wie wir dabei Bruchlandungen vermeiden

Eric Berne
Spielarten und Spielregeln der Liebe
Psychologische Analyse der Partnerbeziehung
3-499-16848-0

Hassebrauck/Küpper
Warum wir aufeinander fliegen
Die Gesetze der Partnerwahl
3-499-61347-6

Lauster, Peter
Die Liebe *Psychologie eines Phänomens.* 3-499-17677-7

Robin Norwood
Wenn Frauen zu sehr lieben
Die heimliche Sucht, gebraucht zu werden. 3-499-19100-8

Wolfgang Schmidbauer
Die Angst vor Nähe
3-499-60430-2

Wolfgang Schmidbauer
Die heimliche Liebe
Ausrutscher, Seitensprung, Doppelleben. 3-499-61129-5

Hans-Werner Bierhoff/
Elke Rohmann
Was die Liebe stark macht
Die neue Psychologie der Paarbeziehung. 3-499-61669-6

Pepper Schwartz
Vergessen Sie alles, was Sie über Liebe und Sex wissen ...
25 Lügen über die Liebe

3-499-61605-X-5

Weitere Informationen in der Rowohlt Revue oder unter www.rororo.de

S 41/2

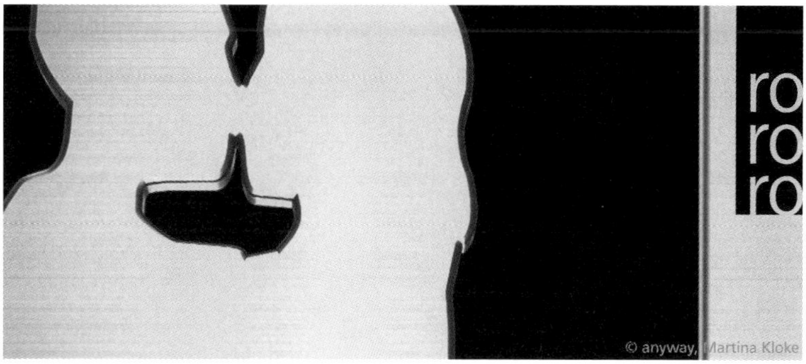

Liebe, Lust & Sex bei rororo

Alles fit im Schritt?
Tipps und Tricks für tote Hosen

Nancy Friday
Die sexuellen Phantasien der Frauen
3-499-17376-X

Nancy Friday
Die sexuellen Phantasien der Männer 3-499-17679-3

Kathrin Passig/Ira Strübel
Die Wahl der Qual
Handbuch für Sadomasochisten und solche, die es werden wollen
3-499-60944-4

Beatrice Poschenrieder
Der beste Sex aller Zeiten
Eine Expertin verrät, wie Sie jede Frau glücklich machen
3-499-61590-8

Christiane Bongertz
Das Flirtbuch für Frauen
3-499-61697-1

Corinna Rückert
Die neue Lust der Frauen
Vom entspannten Umgang mit der Pornographie
3-499-61686-6

Pepper Schwartz
Vergessen Sie alles, was Sie über Liebe und Sex wissen, und lesen Sie dieses Buch
25 Lügen über die Liebe
3-499-61605-X

Katja Hertin
G.i.B. – Gut im Bett

3-499-61586-X

Weitere Informationen in der Rowohlt Revue oder unter www.rororo.de